## 아이가 주인공인 책

아이는 스스로 생각하고 매일 성장합니다.
부모가 아이를 존중하고 그 가능성을 믿을 때
새로운 문제들을 스스로 해결해 나갈 수 있습니다.

〈기적의 학습서〉는 아이가 주인공인 책입니다.
탄탄한 실력을 만드는 체계적인 학습법으로
아이의 공부 자신감을 높여 줍니다.

아이의 가능성과 꿈을 응원해 주세요.
아이가 주인공인 분위기를 만들어 주고,
작은 노력과 땀방울에 큰 박수를 보내 주세요.
〈기적의 학습서〉가 자녀 교육에 힘이 되겠습니다.

조심조심 착은히 통과
해야된다.

숙제가 하기 싫었는데 해미쓰리덕 어
한 별기운이좋아졌다

미래의 내 모습 그리고 설명하기

나는 식당을 열어
서 고아원 아이들을 그리고
도 와 줄 겁 니 다.
아 이 돌 이 되 어 웃 게 해 줄 겁 니 다
성 우 도 되 어 어린이 를 웃 게 할 겁 니 다

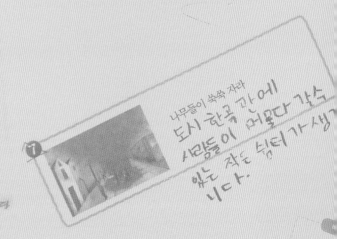

나무들이 쑥쑥 자라
도시 한곳 간에
사람들이 머물다 갈수
있는 작은 쉼터가 생기
니다.

빠를 태워

다섯친구들 아주 용감하
다. 다섯친구들
너무 좋다.

어이 없이 소원을빌어의
이제 나무를 잘 패세요.

그 다섯 명이
쎌줄도 모르고
덤벼서 너무 아
프고 억울해
또 만나면 혼
내줄거야

호랑이

| 언제 | 새벽 5시에 |
| --- | --- |
| 어디에서 | 집에서 |
| 누구와 | 나와 |
| 무슨일 | 더위서새벽5시에일어났다 |

## [기적의 독서 논술] 샘플을 먼저 경험한 전국의 주인공들

| | | | | | | | | | |
|---|---|---|---|---|---|---|---|---|---|
| 강민준 | 공현욱 | 구민서 | 구본준 | 권다은 | 권민재 | 김가은 | 김규리 | 김도연 | 김서현 | 김성훈 |
| 김윤아 | 김은서 | 김정원 | 김태완 | 김현우 | 남혜인 | 노윤아 | 노혜욱 | 류수영 | 박선율 | 박세은 |
| 박은서 | 박재현 | 박주안 | 박채운 | 박채환 | 박현우 | 배건웅 | 서아영 | 손승우 | 신예나 | 심민규 |
| 심준우 | 양서정 | 오수빈 | 온하늘 | 원현정 | 유혜수 | 윤서연 | 윤호찬 | 이 솔 | 이준기 | 이준혁 |
| 이하연 | 이효정 | 장보경 | 전예찬 | 전헌재 | 정윤서 | 정지우 | 조연서 | 조영민 | 조은상 | 주하림 |
| 지예인 | 진하윤 | 천태희 | 최예린 | 최정연 | 추예은 | 허준석 | 홍주원 | 홍주혁 | | |

"
고맙습니다.
우리 친구들 덕분에 이 책을 잘 만들 수 있었습니다.
"

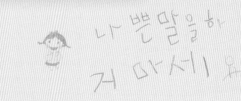

안녕? 난 **뚱**이라고 해. 2019살이야.

디자이너 비따쌤이 만들었는데, 길벗쌤이 날 딱 보더니 엉뚱한 생각을 많이 할 것 같다고
'뚱'이란 이름을 지어 줬어. (뚱뚱해서 지은 거 아니야! 화났뚱) 나는 이 책에 가끔 나와.

새싹뚱, 글자뚱, 읽는뚱, 쓰는뚱, 생각뚱, 탐구뚱, 박사뚱, 말뚱, 놀뚱, 쉴뚱! (  **똥** 아니야! 잘 봐~)

너희들 읽기도 쓰기도 하는 둥 마는 둥 할까 봐 내가 아주 걱정이 많아. 그래서 살짝뚱 도와줄 거야.

**같이 해 보자고!! 뚱뚱~~**

초등 문해력, **쓰기**로 완성한다!

# 기적의
# 독서 논술

길벗스쿨

# 기적의 독서 논술 P1 예비 초등

**초판 1쇄 발행** 2020년 2월 2일
**개정 1쇄 발행** 2024년 4월 11일


**지은이** 기적학습연구소
**발행인** 이종원
**발행처** 길벗스쿨
**출판사 등록일** 2006년 6월 16일
**주소** 서울시 마포구 월드컵로 10길 56(서교동 467-9)
**대표 전화** 02)332-0931 | **팩스** 02)323-0586
**홈페이지** www.gilbutschool.co.kr | **이메일** gilbut@gilbut.co.kr

**기획** 신경아(skalion@gilbut.co.kr) | **책임 편집** 박은숙, 유명희, 이은정
**제작** 이준호, 손일순, 이진혁 | **영업마케팅** 문세연, 박선경, 박다슬 | **웹마케팅** 박달님, 이재윤, 나혜연
**영업관리** 김명자, 정경화 | **독자지원** 윤정아

**디자인** 디자인비따 | **전산편집** 디그린, 린 기획
**편집 진행** 이은정 | **교정 교열** 백영주
**표지 일러스트** 이승정 | **본문 일러스트** 이주연, 루인, 조수희, 백정석, 김지아
**CTP출력 및 인쇄** 교보피앤비 | **제본** 경문제책

ISBN 979-11-6406-669-8 64710
(길벗스쿨 도서번호 10937)
정가 12,000원

'읽다'라는 동사에는 명령형이 먹혀들지 않는다.

이를테면 '사랑하다'라든가 '꿈꾸다' 같은 동사처럼,

'읽다'는 명령형으로 쓰면 거부 반응을 일으키는 것이다. 물론 줄기차게 시도해 볼 수는 있다.

"사랑해라!", "꿈을 가져라."라든가, "책 좀 읽어라, 제발!", "너, 이 자식, 책 읽으라고 했잖아!"라고.

효과는? 전혀 없다.

－『다니엘 페나크, 〈소설처럼〉 중에서』

이 책을 기획하면서 읽었던 많은 독서 교육 관련 책 중에 가장 기억에 남는 구절이었습니다. 볼거리와 놀거리가 차고 넘치는 세상에서 아이들에게 그럼에도 불구하고 '독서가 답이야.'라고 말해 주고 싶어서 이 책을 기획했습니다. 그래서 어떻게 하면 '독서(읽다)와 논술(쓰다)'이라는 말이 명령형처럼 들리지 않을까 고민했습니다. '혼자서도 할 수 있어.'에서 '같이 해 보자.'로 방법을 바꿔 제안합니다.

독서도 연산처럼 훈련이 필요한 학습입니다. 글자를 뗀 이후부터 혼자서 책을 척척 찾아 읽고, 독서 감상문도 줄줄 잘 쓰는 친구가 있을까요? 처음에는 쉽지 않습니다. 초보 독서에서 벗어나 능숙한 독서가로 성장하기 위해서는 무릇 학교 선생님(부모님)의 도움이 필요합니다. 가랑비에 옷 젖듯, 매일 조금씩 천천히 함께 책 읽는 시간을 가져 보세요. 그리고 읽은 것에 대해 이런저런 대화를 나누어 보세요. 함께 책을 읽는 연습이 되어야 생각하는 힘이 생기고, 자기 생각을 표현하는 방법도 깨우치게 됩니다.

아이가 잘 읽고 있다고 생각할 수 있지만, 내용을 금방 파악하기 어려울 수 있습니다. 이럴 때 부모님께서 함께 글의 내용을 떠올려 봐 주시고, 생각의 물꼬를 터 주신다면 아이들은 쉽게 글 속으로 빠져들게 될 것입니다.

생각을 표현하는 것 또한 녹록지 않을 수 있습니다. 처음부터 완벽한 문장으로 쓰기를 기대하지 마세요. 읽는 것만큼 쓰는 것도 자주 해 봐야 늡니다. 쓰기를 특히 어려워한다면 말로 표현해 보라고 먼저 권유해 주세요. 한 주에 한 편씩 읽고 쓰고 대화하는 동안에 공감 능력과 이해력이 생기고, 생각하고 표현하는 능력이 향상될 것입니다.

초등 공부는 읽기로 시작해서 쓰기로 완성됩니다. 지금 이 책이 그 효과적인 독서 교육 방법을 제안합니다. 이 책을 선택하신 무릇 학교 선생님, 우리 아이에게 딱 맞는 독서 교육가가 되어 주십시오. 아이와 함께 할 때 효과는 배가 될 것입니다.

2020. 2
기적학습연구소 일동

〈기적의 독서 논술〉은 매주 한 편씩 깊이 있게 글을 읽고 생각을 쓰면서 사고력을 키우는 초등 학년별 독서 논술 프로그램입니다.

눈에만 담는 독서에서 벗어나, 읽고 떠오르는 생각과 감정을 밖으로 표현해 보세요. 매주 새로운 글을 통해 생각 훈련을 하다 보면, 어휘력과 독해력은 물론 표현력까지 기를 수 있습니다. 예비 초등을 시작으로 학년별 2권씩, 총 14권으로 구성되어 있습니다.

\* 초등 고학년(5~6학년)을 대상으로 한 〈기적의 역사 논술〉도 함께 출시되어 있습니다. 〈기적의 역사 논술〉은 매주 한 편씩 한국사 스토리를 통해 역사적 맥락을 이해하고, 그 의미를 파악하며 생각을 써 보는 통합 사고력 프로그램입니다.

# 1 학년(연령)별 구성

## 학년별 2권 구성

한 학기에 한 권씩 독서 논술을 테마로 학습 계획을 짜 보는 것은 어떨까요?

## 독서 프로그램 차등 설계

읽기 역량을 고려하여 본문의 구성도 차등 적용하였습니다.

예비 초등과 초등 1학년은 짧은 글을 중심으로 장면별로 끊어 읽는 독서법을 채택하였습니다. 초등 2~4학년은 한 편의 글을 앞뒤로 나누어 읽도록 하였고, 초등 5~6학년은 한 편의 글을 끊지 않고 쭉 이어서 읽도록 하였습니다. 글을 읽은 뒤에는 글의 내용을 확인 정리하면서 생각을 펼칠 수 있도록 설계하였습니다.

**선택팁** 단계별(학년별)로 읽기 분량이나 서술·논술형 문제에 난이도 차가 있습니다. 아이 학년에 맞게 책을 선택하시되 첫 주의 내용을 보시고 너무 어렵겠다 싶으시면 전 단계를, 이 정도면 수월하겠다 싶으시면 다음 권을 선택하셔서 학습하시길 추천드립니다.

## 2 읽기 역량을 고려한 다채로운 읽기물 선정 (커리큘럼 소개)

| 권 | 주 | 읽기물 | 주제 | 장르 | 비고 | 특강 |
|---|---|---|---|---|---|---|
| P1 | 1 | 염소네 대문 | 친구 사귀기 | 창작 동화 | 인문, 사회 | 한 장면 생각 표현 |
| | 2 | 바람과 해님 | 지혜, 온화함 | 명작 동화 | 인문, 과학 | |
| | 3 | 임금님 귀는 당나귀 귀 | 비밀 지키기 | 전래 동화 | 인문, 사회 | |
| | 4 | 숲속 꼬마 사자의 변신 | 바른 태도로 듣기 | 창작 동화 | 사회, 언어 | |
| P2 | 1 | 수상한 아저씨의 뚝딱 목공소 | 편견, 직업 | 창작 동화 | 인문, 기술 | 한 장면 생각 표현 |
| | 2 | 짧아진 바지 | 효, 소통 | 전래 동화 | 사회, 문화 | |
| | 3 | 레옹을 부탁해요 | 유기묘, 동물 사랑 | 창작 동화 | 인문, 과학 | |
| | 4 | 어리석은 소원 | 신중하게 생각하기 | 명작 동화 | 인문, 사회 | |
| 1 | 1 | 글자가 사라진다면 | 한글의 소중함 | 창작 동화 | 언어, 사회 | 그림일기 사람을 소개하는 글 |
| | 2 | 노란색 운동화 | 쓸모와 나눔 | 창작 동화 | 사회, 경제 | |
| | 3 | 재주 많은 다섯 친구 | 재능 | 전래 동화 | 인문, 기술 | |
| | 4 | 우리는 한 가족 | 가족 호칭 | 지식 동화 | 사회, 문화 | |
| 2 | 1 | 토끼의 재판 | 은혜, 이웃 도와주기 | 전래 동화 | 인문, 사회 | 일기 물건을 설명하는 글 |
| | 2 | 신통방통 소식통 | 감각 기관 | 설명문 | 과학, 기술 | |
| | 3 | 숲속 거인의 흥미진진 퀴즈 | 도형 | 지식 동화 | 과학, 수학 | |
| | 4 | 열두 띠 이야기 | 열두 띠가 생겨난 유래 | 지식 동화 | 사회, 문화 | |
| 3 | 1 | 당신이 하는 일은 모두 옳아요 | 믿음 | 명작 동화 | 인문, 사회 | 부탁하는 글 편지 |
| | 2 | 바깥 활동 안전 수첩 | 안전 수칙 | 설명문 | 사회, 안전 | |
| | 3 | 이르기 대장 나최고 | 이해, 나쁜 습관 | 창작 동화 | 인문, 사회 | |
| | 4 | 우리 땅 곤충 관찰기 | 여름에 만나는 곤충 | 관찰 기록문 | 과학, 기술 | |
| 4 | 1 | 고제는 알고 있다 | 친구 이해 | 창작 동화 | 인문, 사회 | 책을 소개하는 글 관찰 기록문 |
| | 2 | 여성을 위한 변호사 이태영 | 위인, 남녀평등 | 전기문 | 사회, 문화 | |
| | 3 | 염색약이냐 연필깎이냐, 그것이 문제로다! | 현명한 선택 | 경제 동화 | 사회, 경제 | |
| | 4 | 내 직업은 직업 발명가 | 직업 선택 | 지식 동화 | 사회, 기술 | |
| 5 | 1 | 지하 정원 | 성실함, 선행 | 창작 동화 | 사회, 철학 | 독서 감상문 제안하는 글 |
| | 2 | 내 친구가 사는 곳이 궁금해 | 대도시와 마을 | 지식 동화 | 사회, 지리 | |
| | 3 | 팥죽 호랑이와 일곱 녀석 | 배려와 공감 | 반전 동화 | 인문, 사회 | |
| | 4 | 수다쟁이 피피의 요란한 바다 여행 | 환경 보호, 미세 플라스틱 문제 | 지식 동화 | 과학, 환경 | |
| 6 | 1 | 여행 | 여행, 체험 | 동시 | 인문, 문화 | 설명문 시 |
| | 2 | 마녀의 빵 | 적절한 상황 판단 | 명작 동화 | 인문, 사회 | |
| | 3 | 숨바꼭질 | 자존감 | 창작 동화 | 사회, 문화 | |
| | 4 | 한반도의 동물을 구하라! | 한반도의 멸종 동물들 | 설명문 | 과학, 환경 | |
| 7 | 1 | 작은 총알 하나 | 전쟁 반대, 평화 | 창작 동화 | 인문, 평화 | 기행문 논설문 |
| | 2 | 백제의 숨결, 무령왕릉 | 문화 유산 답사 | 기행문 | 역사, 문화 | |
| | 3 | 돌멩이 수프 | 공동체, 나눔 | 명작 동화 | 사회, 문화 | |
| | 4 | 우리 교실에 벼가 자라요 | 식물의 한살이 | 지식 동화 | 과학, 기술 | |
| 8 | 1 | 헬로! 두떡 마켓 | 북한 주민 정착 | 창작 동화 | 사회, 문화 | 기사문 연설문 |
| | 2 | 2005 스탠퍼드대학교 졸업식 연설문 | 끊임없는 도전 정신 | 연설문 | 과학, 기술 | |
| | 3 | 피부색으로 차별받지 않는 무지개 나라 | 편견과 차별 | 지식 동화 | 문화, 역사 | |
| | 4 | 양반전 | 위선과 무능 풍자 | 고전 소설 | 사회, 문화 | |

## ③ 어휘력 + 독해력 + 표현력을 한번에 잡는 3단계 독서 프로그램

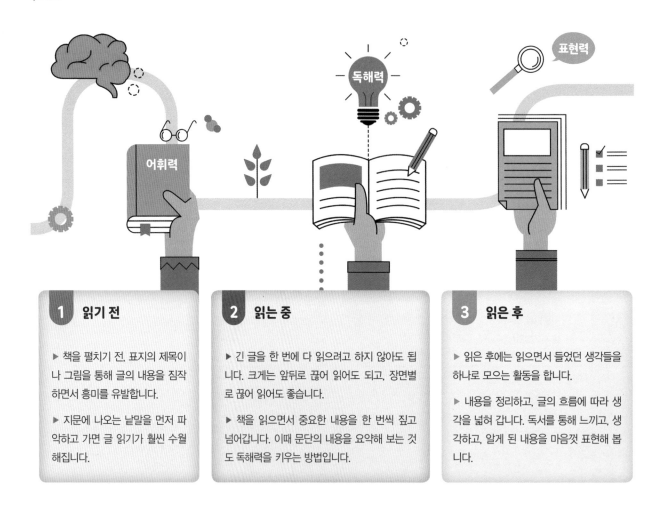

### 1 읽기 전

▶ 책을 펼치기 전, 표지의 제목이나 그림을 통해 글의 내용을 짐작하면서 흥미를 유발합니다.

▶ 지문에 나오는 낱말을 먼저 파악하고 가면 글 읽기가 훨씬 수월해집니다.

### 2 읽는 중

▶ 긴 글을 한 번에 다 읽으려고 하지 않아도 됩니다. 크게는 앞뒤로 끊어 읽어도 되고, 장면별로 끊어 읽어도 좋습니다.

▶ 책을 읽으면서 중요한 내용을 한 번씩 짚고 넘어갑니다. 이때 문단의 내용을 요약해 보는 것도 독해력을 키우는 방법입니다.

### 3 읽은 후

▶ 읽은 후에는 읽으면서 들었던 생각들을 하나로 모으는 활동을 합니다.

▶ 내용을 정리하고, 글의 흐름에 따라 생각을 넓혀 갑니다. 독서를 통해 느끼고, 생각하고, 알게 된 내용을 마음껏 표현해 봅니다.

### 예비 초등~1학년의 독서법

**읽기 능력을 살리는 '장면별 끊어 읽기'**

창작/전래/이솝 우화 등 짧지만 아이들의 감성을 자극하고 공감을 끌어낼 수 있는 이야기글을 수록하였습니다. 어린 연령일수록 읽기에 대한 거부감을 줄이고, 독서에 대한 재미를 더합니다.

### 2학년 이상의 독서법

**사고력과 비판력을 키우는 '깊이 읽기'**

동화뿐 아니라 시, 전기문, 기행문, 설명문, 연설문, 고전 등 다양한 갈래를 다루고 있습니다. 읽기 능력 신장을 위해 저학년에 비해 긴 글을 앞뒤로 나누어 읽어 봅니다. 흥미로운 주제와 시공간을 넘나드는 폭넓은 소재로 아이들의 생각을 펼칠 수 있게 하였습니다.

# 4 사고력 확장을 위한 서술·논술형 문제 출제

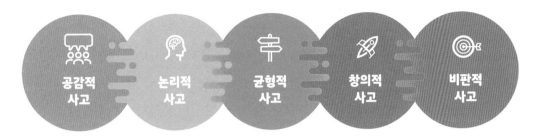

공감적 사고 · 논리적 사고 · 균형적 사고 · 창의적 사고 · 비판적 사고

### 초등학생에게 논술은 '생각 쓰기 연습'에 해당합니다.

교육 평가 과정이 객관식에서 주관식 평가로 점차 변화하고 있습니다. 학교에서는 지필고사를 대신한 수행평가가 수시로 이루어지고 있습니다. 정오답을 찾는 단선적인 객관식보다 사고력을 평가할 수 있는 주관식의 비율이 높아지고, 국어뿐 아니라 수학, 사회, 과학 등 서술형 평가가 확대되고 있습니다. 이런 평가를 대비하여 글을 읽고, 생각을 표현하는 방법을 다각도로 훈련할 수 있도록 구성하였습니다.

이 책에서 출제된 서술·논술형 문제 유형은 다음과 같습니다.

> "만약에 나라면 어떻게 했을지 쓰세요." 균형, 비판

> "왜 그런 행동(말)을 했을지 쓰세요." 공감, 논리

> "다음과 같은 상황에 처했을 때 주인공은 어떻게 했을지 쓰세요." 창의, 비판

> "등장인물에게 나는 어떤 말을 해 주고 싶은지 쓰세요." 공감, 균형

> "A와 B의 비슷한(다른) 점은 무엇인지 쓰세요." 논리, 비판

글을 읽을 때 생각이 자라지만, 생각한 바를 표현할 때에도 사고력은 더 확장됩니다. 꼼꼼하게 읽고, 중간중간 내용을 확인한 후에 전체적으로 읽은 내용을 정리해 봄으로써 생각을 다듬고 넓혀 갈 수 있습니다. 한 편의 글을 통해 주인공의 입장이 되어 보기도 하고, '나라면 어땠을까?'를 생각해 보는 연습이 논술에 해당합니다. 하나의 주제를 담고 있는 글을 읽고 내용의 옳고 그름을 판단하기도 하고, 글의 전체적인 맥락을 파악함으로써 논리적이고 비판적인 사고를 할 수 있습니다.

> **지도팁** 장문의 글을 써야 하는 논술 문제는 없지만, 자신의 생각을 마음껏 표현할 수 있게 유도해 주세요. 글로 바로 쓰는 게 어렵다면 말로 표현해 볼 수 있도록 지도해 주시기 바랍니다. 말로 표현한 것을 문장으로 다듬어 쓰다 보면, 생각한 것이 어느 정도 정리됩니다. 여러 번 연습한 후에 논리가 생기고, 표현력 또한 자라게 될 것입니다. 다소 엉뚱한 대답일지라도 나름의 논리와 생각의 과정이 건강하다면 칭찬을 아끼지 마십시오.

## 이렇게 활용하면 좋아요!

### 예비 초등을 위한 P1권 / P2권

아직은 책 읽는 것이 서툴기 때문에 책에 대해 흥미를 가질 수 있도록 정해진 시간에 책을 읽어 주거나 실감 나게 동화를 구연해 주는 활동적인 독서 방법이 필요합니다.

부모님이 소리 내어 읽어 주시고,
아이는 들으면서 독서와 논술을 진행하는 것을
권장합니다.

## 🌸 공부 계획 세우기

**13쪽**
**권별** 전체 학습 계획

**주차 학습
시작 페이지**
**주별** 학습 확인

### ) 한 주에 한 편씩, 5일차 학습 설계

학습자의 읽기 역량에 따라 하루에 1~2일차를 이어서 할 수도 있고, 1일차씩 끊어서 학습할 수도 있습니다.
계획한 대로 학습이 이루어졌는지 자기 점검을 꼭 해 보세요.

## 🌸 학년별 특강 [한 장면 생각 표현]

본격적인 독서 논술에 앞서 예비 초등생을 위해 '한 장면 생각 표현'을 마련하였습니다. 한 장면을 보고 사실을 확인하는 연습, 생각을 표현하는 연습을 가볍게 할 수 있습니다.

◀ **지도팁** 쓰기에 취약한 친구들은 말하기나 그리기로 표현할 수 있도록 해 주세요.

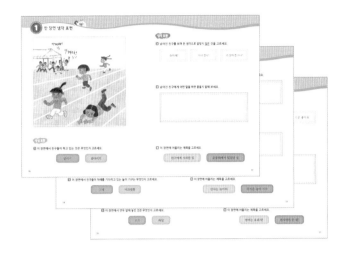

## 🌸 온라인 제공 [독서 노트]

길벗스쿨 홈페이지(www.gilbutschool.co.kr) 자료실에서 독서 노트를 내려받아 활용할 수 있습니다. 책을 읽고 느낀 점이나 인상 깊었던 점을 간략하게 쓰거나 그리고, 재미있었는지도 스스로 평가해 봅니다. 이 책에 제시된 글뿐만 아니라 추가로 읽은 책에 대한 독서 기록을 남길 수도 있습니다.

▶ **길벗스쿨 홈페이지**
독서 노트 내려받기

매일 조금씩 책 읽는 습관이
아이의 사고력을 키웁니다.

## 🌸 3단계 독서 프로그램

① 읽기 전

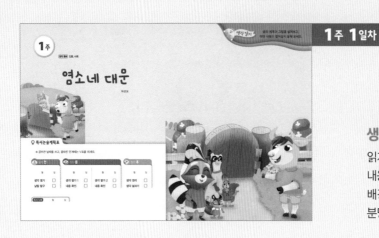

### 생각 열기

읽게 될 글의 제목과 그림을 살펴보고
내용을 미리 짐작해 본다거나
배경지식을 떠올리면서 읽는 목적을
분명히 하는 활동입니다.

② 읽는 중

### 생각 쌓기

학습자의 읽기 역량에 따라 긴 글을
장면별로 끊어 읽기도 하고, 전후로 크게
나누어 읽어 봅니다. 부모님과 함께
소리 내어 읽어 보는 것은 어떨까요?

③ 읽은 후

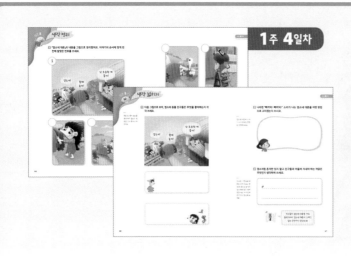

### 생각 정리

글의 내용을 한눈에 정리해 보는 활동입니다.
장면을 이야기의 흐름대로
정리해 볼 수 있습니다.

### 생각 넓히기

다양한 사고력을 필요로 하는 서술·논술형
문제들입니다. 글을 읽고 생각한 바를
다양한 방법으로 표현해 볼 수 있습니다.

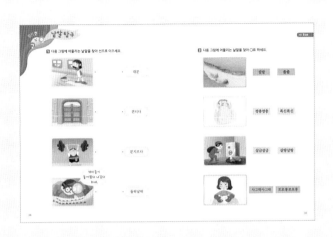

어휘력 쑥쑥!

**낱말 탐구**

글에 나오는 주요 어휘를
미리 공부하면서 읽기를 조금 더 수월하게
이끌어 갑니다. 뜻을 모를 때에는
가이드북을 참고하세요.

**1주 3일차**

독해력 척척!

**내용 확인 (독해)**

가장 핵심적인 독해 문제만 실었습니다.
글을 꼼꼼하게 읽었는지 확인할 수 있습니다.

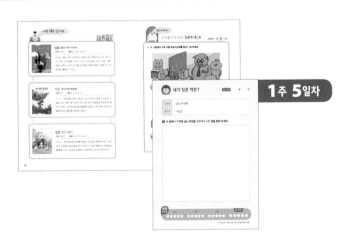

**1주 5일차**

표현력 뿜뿜!

**이런 책도 있어요 / 쉬어가기**

읽은 글의 주제와 연관된 추천 도서도
살펴볼 수 있습니다. 잠깐 쉬면서
머리를 식히는 코너도 마련했습니다.

**독서 노트**

읽은 책에 대한 감상평을 남겨 보세요.
별점을 매기며 종합적으로 평가해
보는 것도 좋습니다.

## 차례

자유롭게
적어 봐~

* 한 주에 한 편씩 계획을 세워 독서 다이어리를 완성해 보세요.

**특강**

| 한 | 장 | 면 | 생 | 각 | 표 | 현 |

| 한 장면 생각 표현 1 | 한 장면 생각 표현 2 | 한 장면 생각 표현 3 | 한 장면 생각 표현 4 |
|---|---|---|---|
| / | / | / | / |
| 한 장면 생각 표현 5 | 한 장면 생각 표현 6 | 한 장면 생각 표현 7 | 한 장면 생각 표현 8 |
| / | / | / | / |

| 주차별 | 읽기 전 | 읽는 중 | | 읽은 후 | |
|---|---|---|---|---|---|
| 글의 제목 | 생각 열기<br>낱말 탐구 | 생각 쌓기<br>내용 확인 | | 생각 정리<br>생각 넓히기 | 독서 노트 |
| 예 ○주<br>글의 제목을 쓰세요. | 3/3<br>낱말이 어렵다<br>ㅠ-ㅠ | 3/5 | 3/6<br>문제 다 맞음!<br>★★★ | 3/7 | / |
| | / | / | / | / | / |
| | / | / | / | / | / |
| | / | / | / | / | / |
| | / | / | / | / | / |

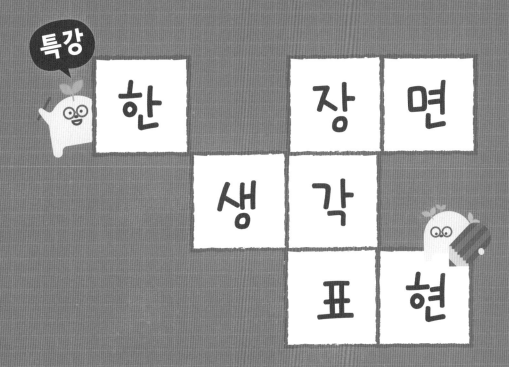

특강

한 장면
생각
표현

본격적인 '독서 논술'로
들어가기 전에 그림을 보고
사실을 확인하는 문장을
만들어 볼 거예요.
쓰기 어려울 때는
말로 표현해 보는 것도 좋아요.

그러고 나서
내 생각을 표현하는 연습을
가볍게 해 볼까요?
자, 따라오세요~

**1** 이 장면에서 친구들이 하고 있는 것은 무엇인지 고르세요.

| 달리기 | 줄다리기 |
|---|---|

**2** 넘어진 친구를 보며 생각한 내용으로 알맞지 <u>않은</u> 것을 고르세요.

| 축하해! | 아프겠다! | 속상하겠구나! |
|---|---|---|

**3** 넘어진 친구에게 어떤 말을 하면 좋을지 말해 보세요.

**4** 이 장면에 어울리는 제목을 고르세요.

| 친구에게 사과한 일 | 운동회에서 있었던 일 |
|---|---|

사실 표현

**1** 이 장면에서 친구들이 차례를 기다리고 있는 놀이 기구는 무엇인지 고르세요.

그네          미끄럼틀

**2** 자기 차례를 기다리는 아이들의 기분은 어떠할지 말해 보세요.

**3** 내가 놀이터에 갔을 때 한 일을 한 가지 말해 보세요.

**4** 이 장면에 어울리는 제목을 고르세요.

신나는 놀이터          무서운 놀이 기구

# 3 한 장면 생각 표현

연우

 사실 표현

**1** 이 장면에서 연우 앞에 놓인 것은 무엇인지 고르세요.

고기     과일

**2** 다음 중에서 연우의 마음이 잘 드러난 표현을 고르세요.

| 뿌듯해요. | 먹기 싫어요. | 기분 좋아요. |

**3** 연우에게 하고 싶은 말을 말해 보세요.

**4** 이 장면에 어울리는 제목을 고르세요.

엄마는 요리사!　　　편식하면 안 돼!

# 4 한 장면 생각 표현

주혁

## 사실 표현

**1** 빈칸에 들어갈 알맞은 낱말 카드를 골라 이 장면에 어울리는 문장을 완성해 보세요.

구름    풍선

주혁이가 (                    )을 타고 하늘을 날고 있어요.

생각 표현

**2** 이 장면을 보고 떠오르는 생각이나 느낌을 말해 보세요.

**3** 주혁이가 하늘에서 내려다본 것은 무엇일지 상상하여 말하거나 그려 보세요.

**4** 이 장면에 어울리는 제목을 고르세요.

새처럼 구름처럼          꽃처럼 나무처럼

**사실 표현**

1️⃣ 빈칸에 들어갈 알맞은 낱말 카드를 골라 이 장면에 어울리는 문장을 완성해 보세요.

한      두      세

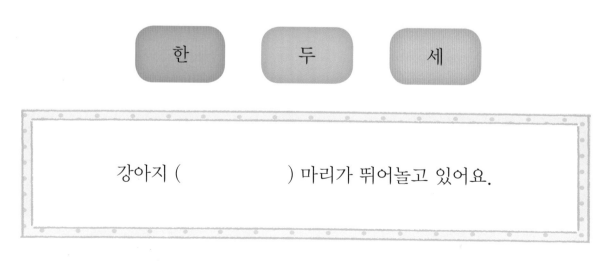

강아지 (            ) 마리가 뛰어놀고 있어요.

생각 표현

**2** 이 장면을 보고 떠오르는 생각이나 느낌을 말해 보세요.

**3** 강아지에게 어울리는 이름을 하나씩 지어 보세요.

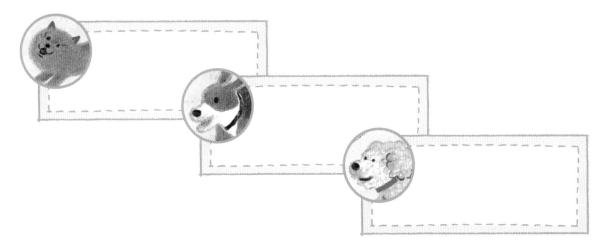

**4** 이 장면에 어울릴 만한 제목을 생각해 보세요.

# 6 한 장면 생각 표현

## 사실 표현

**1** 빈칸에 들어갈 알맞은 낱말 카드를 골라 이 장면에 어울리는 문장을 완성해 보세요.

| 공놀이 | 술래잡기 | 줄넘기 |
|---|---|---|

남자아이들이 찻길에서 (　　　　　　)를 해요.

**2** 이 장면을 보고 떠오르는 생각이나 느낌을 말해 보세요.

**3** 남자아이들에게 어떤 말을 해 주면 좋을지 말하거나 써 보세요.

**4** 이 장면에 어울릴 만한 제목을 생각해 보세요.

# 7 한 장면 생각 표현

## 사실 표현

**1** 빈칸에 들어갈 알맞은 낱말 카드를 골라 이 장면에 어울리는 문장을 완성해 보세요.

> 축하드려요    생일    할머니    고마워요

> (                )의 생신을 (                        ).

**2** 이 장면을 보고 어떤 생각이나 느낌이 드는지 말해 보세요.

**3** 할머니는 어떤 생각을 하고 계실지 말하거나 써 보세요.

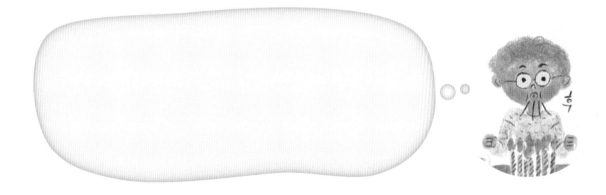

**4** 이 장면에 어울릴 만한 제목을 생각해 보세요.

**사실 표현**

1️⃣ 빈칸에 들어갈 알맞은 낱말 카드를 골라 이 장면에 어울리는 문장을 완성해 보세요.

| 울타리 | 동굴 | 갇혔어요 | 갔어요 |

코끼리가 (            )에 (                    ).

## 생각 표현

**2** 그림 속 코끼리를 보고 어떤 생각이나 느낌이 드는지 말해 보세요.

**3** 코끼리는 어떤 생각을 하고 있을지 말하거나 써 보세요.

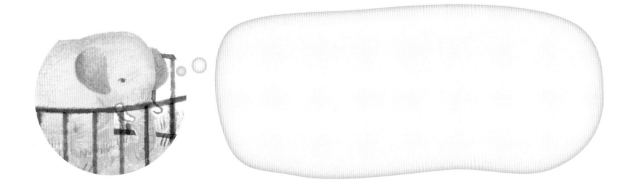

**4** 이 장면에 어울릴 만한 제목을 생각해 보세요.

# 염소네 대문

이상교

## 🏅 독서논술계획표

❯ 공부한 날짜를 쓰고, 끝마친 단계에는 V표를 하세요.

| 읽기 전 | | | 읽는 중 | | | | 읽은 후 | |
|---|---|---|---|---|---|---|---|---|
| 월 | 일 | | 월 | 일 | 월 | 일 | 월 | 일 |
| 생각 열기 | ☐ | | 생각 쌓기 1 | ☐ | 생각 쌓기 2 | ☐ | 생각 정리 | ☐ |
| 낱말 탐구 | ☐ | | 내용 확인 | ☐ | 내용 확인 | ☐ | 생각 넓히기 | ☐ |

| 독서 노트 | 월 | 일 |
|---|---|---|

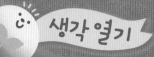

# 낱말 탐구

**1** 다음 그림에 어울리는 낱말을 찾아 선으로 이으세요.

• 　　　• 대문

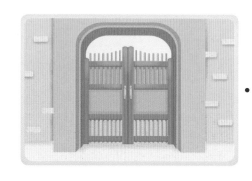

• 　　　• 견디다

• 　　　• 문지르다

개미들이
들어왔다 나갔다
하네.

• 　　　• 들락날락

**2** 다음 그림에 어울리는 낱말을 찾아 ○표 하세요.

깔깔　　　　졸졸

깡충깡충　　　폭신폭신

살금살금　　　살랑살랑

사그락사그락　　　쪼로롱쪼로롱

💡 삐꺼덕 소리가 났던 염소네 대문이 어떻게 고쳐졌는지 생각하며 읽어 보세요.

# 염소네 대문

이상교

고집쟁이 염소가 혼자 살았어요.

혼자 자고, 혼자 말하고, 혼자 놀았어요.

졸졸 시냇물 소리, 쪼로롱쪼로롱 새들 노랫소리도 좋아하지 않았지요.

"난, 조용한 게 좋아!"

**내용 파악하기**

**1** 염소는 어떤 인물인지 알맞은 것에 ○표 하세요.

| 겁쟁이 | 고집쟁이 | 심술쟁이 |
|--------|----------|----------|

친구들이 부르는 소리도 좋아하지 않았고, 풀잎을 스치는 바람 소리
도 좋아하지 않았어요.

"난, 조용한 게 좋아!"

마루 위를 걸을 때도 살금살금, 그릇을 닦을 때도 사그락사그락.

"난, 조용한 게 좋아!"

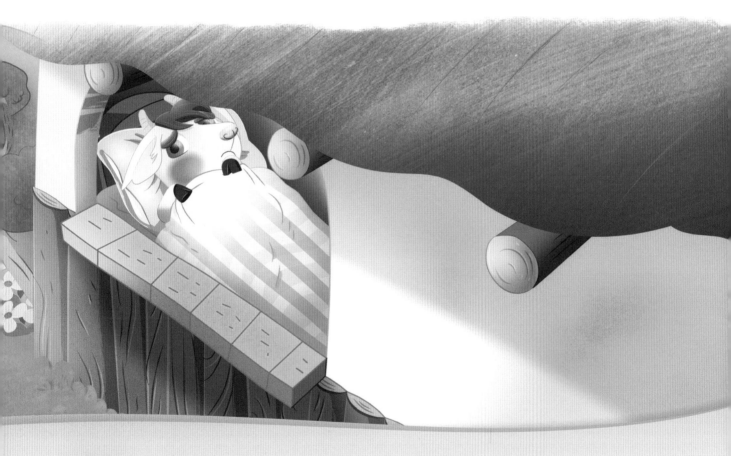

**2** 염소가 친구들이 부르는 소리를 좋아하지 <u>않은</u> 까닭은 무엇일지 빈
칸에 알맞은 말을 쓰세요.

| | | |
|---|---|---|
| | | |

것을 좋아하기 때문에

그런데 큰일이 생겼어요.

염소네 대문에서 소리가 났어요.

삐꺼덕, 삐꺼덕!

염소는 대문을 살그머니 열었어요.

삐꺼덕!

"아이코, 깜짝이야!"

닫을 때도 살그머니 닫았어요.

삐꺼덕!

"아이코, 깜짝이야!"

염소는 삐꺼덕 소리가 시끄러워 견딜 수가

없었어요.

**③** 염소가 대문을 닫았을 때 깜짝 놀란 까닭으로 알맞은 것에 ○표 하세요.

| 대문에서 소리가 나서 | 대문이 너무 빨리 닫혀서 |
|---|---|

생각
키우기

**4** 대문에서 삐꺼덕 소리가 났을 때, 염소는 어떤 마음이 들었을지 알맞은 것에 ○표 하세요.

| 신기한 마음 | 괴로운 마음 | 행복한 마음 |

"내가 고쳐 줄게."

고슴도치가 와서 미끌미끌 초를 문질렀어요.

어?

그래도 삐꺼덕! 삐꺼덕!

"아이코, 깜짝이야!"

"내가 고쳐 줄게."

생쥐가 미끈미끈 참기름을 칠했지요.

어?

그래도 삐꺼덕! 삐꺼덕!

"아이코, 깜짝이야!"

**내용 파악하기**

**5** 고슴도치가 염소네 대문을 고치기 위해 한 일은 무엇인지 빈칸에 알맞은 말을 쓰세요.

대문에 ☐ 를 문질렀다.

"내가 고쳐 줄게."

거위가 폭신폭신 솜을 붙였어요.

어?

그래도 삐꺼덕! 삐꺼덕!

"아이코, 깜짝이야!"

생각
키우기

**6** 고슴도치, 생쥐, 거위가 염소네 대문을 고쳐 주려고 한 까닭은 무엇
일지 알맞은 것에 ◯표 하세요.

대문이 열리지 않아서

염소를 도와주고 싶어서

"무슨 좋은 수가 없을까?"

너구리, 오소리, 족제비, 청설모, 다람쥐가 들락날락! 들락날락!

대문을 ⁺드나들었어요.

⁺**드나들었어요**: 일정한 곳에 자주 왔다 갔다 했어요.

**내용
파악하기**

**7** 염소네 대문을 드나든 동물은 누구누구인지 빈칸에 알맞은 말을 쓰세요.

너구리, 오소리, ⬚⬚⬚ , 청설모, 다람쥐

그런 어느 날,

"스르르~ 사르르~."

대문이 저절로 고쳐졌어요.

"너희가 자꾸 드나들어 대문이 저절로 고쳐졌어. 정말 고마워!"

고집쟁이 염소가 좋아했어요.

**내용 파악하기**

**8** 염소네 대문이 고쳐진 까닭은 무엇인지 알맞은 것에 ○표 하세요.

친구들이 찾아오지 않아서    친구들이 자꾸 드나들어서

# 생각 정리

1 『염소네 대문』의 내용을 그림으로 정리했어요. 이야기의 순서에 맞게 빈 칸에 알맞은 번호를 쓰세요.

6

너희가 자꾸
드나들어 대문이
저절로 고쳐졌어.

# 생각 넓히기

**1** 다음 그림으로 보아, 염소와 동물 친구들은 무엇을 좋아하는지 각각 쓰세요.

동물 친구들이 염소를 불렀지만, 염소는 조용한 것이 좋다고 하였어요.

2 나라면 "삐꺼덕! 삐꺼덕!" 소리가 나는 염소네 대문을 어떤 방법
으로 고쳐 주겠는지 쓰세요.

염소네 대문에서 소
리가 나지 않게 할 방
법을 생각해 보세요.

3 염소처럼 혼자만 있지 말고 친구들과 어울려 지내야 하는 까닭은
무엇인지 생각하여 쓰세요.

친구들이 염소네 대
문을 고쳐 주려고 염
소네 집에 드나들어
서 염소에게 좋은 일
이 생겼어요. 이 사실
과 관련지어 생각해
보세요.

친구들이 염소네 대문을 자꾸
들락거려서 염소네 대문이 고쳐진
일과 관련지어 생각해 봐.

**제목** 붉은 여우 아저씨

**지은이** 송정화　　**출판사** 시공주니어(2015년)

**책 소개** 붉은 여우 아저씨가 길에서 만난 대머리 독수리, 버드나무, 숭어, 아이에게 자신이 가지고 있던 붉은 모자, 신발, 가방, 옷을 기꺼이 나누어 준 행동을 통해 사랑과 희생, 진정한 친구의 의미를 깨달을 수 있다.

**제목** 개구리네 한솥밥

**지은이** 백석　　**출판사** 소년한길(2011년)

**책 소개** 어려움을 당한 이웃을 그냥 지나치지 못하고 일일이 도움을 주는 착한 개구리와 이런 개구리가 어려움을 맞닥뜨릴 때마다 나타나 각자의 재주를 발휘해 도와주는 친구들의 이야기가 재미있고도 정답게 표현되어 있다.

**제목** 친구 사귀기

**지은이** 김영진　　**출판사** 길벗어린이(2018년)

**책 소개** 초등학교에 입학해 새로운 친구를 사귀어야 하는 아이들이 두려움과 불안함을 벗어 버리고 각자의 방법으로 문제들을 해결해 나가는 모습을 유쾌하고 따뜻하게 그려 낸 이야기이다.

쉬어가기

두 눈을 크게 떠요! **집중력 테스트**

[난이도 : 상 中 하]

★ 두 그림에서 서로 다른 부분 6군데를 찾아 ○표 하세요.

● 정답은 가이드북 14쪽을 확인하세요.

P1권 **49**

**2주**

명작 동화 인문, 과학

# 바람과 해님

이솝

이솝은 고대 그리스의 작가로, 여러 가지 교훈을 주는 『이솝 우화』를 지었습니다.

## 🏅 독서논술계획표

❯ 공부한 날짜를 쓰고, 끝마친 단계에는 V표를 하세요.

| 읽기 전 | | |
|---|---|---|
| | 월 | 일 |
| 생각 열기 | | ☐ |
| 낱말 탐구 | | ☐ |

| 읽는 중 | | | | |
|---|---|---|---|---|
| | 월 | 일 | 월 | 일 |
| 생각 쌓기 1 | | ☐ | 생각 쌓기 2 | ☐ |
| 내용 확인 | | ☐ | 내용 확인 | ☐ |

| 읽은 후 | | |
|---|---|---|
| | 월 | 일 |
| 생각 정리 | | ☐ |
| 생각 넓히기 | | ☐ |

| 독서 노트 | 월 | 일 |
|---|---|---|

생각 열기  글의 제목과 그림을 살펴보고,
어떤 내용이 펼쳐질지 말해 보세요.

# 낱말 탐구

**1** 다음 그림에 어울리는 낱말을 찾아 선으로 이으세요.

 • • 외투

 • • 휘청거리다

 • • 시무룩하다

 • • 두리번거리다

**2** 다음 그림에 어울리는 낱말을 찾아 ○표 하세요.

호~

입김     입구

시합     싸움

무조건
내 말이 맞아.

우기다     숨기다

벗다     여미다

생각 쌓기

💡 바람과 해님 가운데에서 누가 시합에서 이겼는지 살펴
보며 읽어 보세요.

# 바람과 해님

이솝

바람이 해님을 찾아왔어요.

"해님아, 세상에서 누가 제일 힘이 센지 아니? 바로 나야."

바람이 해님에게 자신의 힘이 가장 세다고 우겼어요.

"그렇다면 바람아, 누구의 힘이 더 센지 시합해 보자."

"그래, 좋아."

**내용 파악하기**

**1** 바람과 해님이 한 시합은 무엇인지 빈칸에 알맞은 말을 쓰세요.

나그네의 [ ] [ ] 를 먼저 벗기는 쪽이 이기는 것

바람은 주위를 두리번거리다가 들판을 지나가는 나그네를 보았어요.

바람은 해님을 향해 큰 소리로 우쭐거리며 말했어요.

"저 나그네의 외투를 먼저 벗기는 쪽이 이기는 걸로 하자."

"그래, 알았어."

생각
키우기

**2** 바람은 어떤 인물인지 알맞은 것에 ◯표 하세요.

| 잘난 척을 잘해요. | 부끄러움을 잘 타요. |

바람이 먼저 나그네를 향해 입김을 내뿜기 시작했어요.

갑자기 세찬 바람이 불자 나무들이 모두 휘청거렸어요.

깜짝 놀란 나그네는 외투의 단추를 모두 채웠어요.

"날씨가 이상하구나. 갑자기 세찬 바람이 부네."

**내용
파악하기**

**3** 바람은 나그네의 외투를 벗기기 위해 무엇을 했는지 빈칸에 알맞은
말을 쓰세요.

|  |  |
|--|--|

을 내뿜었어요.

바람은 나그네의 외투를 벗기려고 점점 더 세차게 입김을 내뿜었어요.

하지만 바람이 입김을 내뿜을수록 나그네는 옷깃을 더욱 단단히 여미었어요.

결국 바람은 나그네의 외투를 벗길 수 없었어요.

생각
키우기

**4** 나그네가 외투를 벗지 않자 바람은 어떤 마음이 들었을지 ○표 하세요.

편안한 마음     실망하는 마음     자랑스러운 마음

이 모습을 지켜보던 해님이 말했어요.

"이제는 내 차례야."

해님은 미소를 지으며 햇빛을 비추기 시작했어요.

나그네는 단단히 여미고 있던 외투의 단추를 풀었어요.

내용
파악하기

**5** 해님이 햇빛을 비추자 나그네는 어떤 행동을 하였는지 쓰세요.

외투의 단추를 풀었고, 이마에 맺힌 [ ] 을 닦았어요.

해님은 웃으며 나그네에게 따스한 햇살을 계속 비추었어요.

나그네는 하늘을 올려다보며 말했어요.

"조금 전만 해도 바람이 너무 세서 추웠는데 갑자기 더워졌네."

나그네는 이마에 또르르 맺힌 땀을 닦았어요.

생각
키우기

**6** **날씨가 변한 순서대로 번호를 쓰세요.**

• 햇살이 내리쬐어 더웠어요. (          )

• 바람이 세차게 불어 추웠어요. (          )

잠시 뒤, 나그네는 더위를 이기지 못하고 외투를 벗었어요.

"너무 더워서 견딜 수가 없구나."

나그네는 근처 호숫가로 달려가 물속에 뛰어들었어요.

"어때? 내가 이겼지?"

해님이 바람에게 웃으며 말했어요.

내용
파악하기

**7** 바람과 해님 중 시합에서 이긴 것은 누구인지 쓰세요.

"해님아, 네가 이겼어."

"바람아, 모든 것을 힘으로 해결하면 안 돼."

이 말을 들은 바람은 시무룩한 표정을 지으며 멀리 달아나 버렸어요.

생각
키우기

**8** 시합에서 진 바람은 어떤 마음이 들었을지 알맞은 것에 ○표 하세요.

귀찮은 마음   궁금한 마음   부끄러운 마음

## 생각 정리

■ 『바람과 해님』의 내용을 그림으로 정리했어요. 이야기의 순서에 맞게 빈 칸에 알맞은 번호를 쓰세요.

**6**

모든 것을 힘으로 해결하면 안 돼.

**1** 해님이 바람과의 시합에서 이긴 까닭을 생각하며 (    ) 안에서 알맞은 말을 골라 ○표 하세요.

바람이 불 때와 해님이 햇빛을 비출 때 나그네는 어떻게 했는지 생각해 보세요.

바람이 세게 불었을 때는 나그네가 ( 더위 , 추위 )를 느껴 외투를 더욱 여미었지만, 해님이 햇빛을 비추었을 때는 나그네가 ( 더위 , 추위 )를 느껴 외투를 벗었기 때문이다.

**2** 『바람과 해님』에 나오는 해님에게 하고 싶은 말을 정리해서 쓰세요.

해님이 나그네에게 어떻게 행동하였는지 생각해 보세요.

해님에게 하고 싶은 말

✏ ----------------------------------------

----------------------------------------

**3** 자신의 힘만 믿고 나그네의 외투를 벗기려고 한 바람을 보고 어 떤 생각이나 느낌이 들었는지 쓰세요.

바람은 시합에서 이 기기 위해 입김을 세 게 불었지만 나그네 의 외투를 벗기지 못 했어요. 이에 대한 생 각이나 느낌을 써 보 세요.

**4** 『바람과 해님』에서 해님이 시합에서 이겼어요. 어떤 시합을 하면 바람이 이길 수 있을지 상상해서 쓰세요.

해와 바람의 특징을 떠올리며 바람이 이 길 수 있는 시합을 생 각해 보세요.

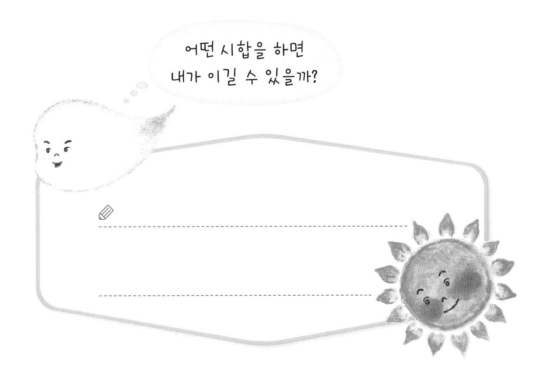

어떤 시합을 하면 내가 이길 수 있을까?

**제목** 방귀 시합

**지은이** 김향금　　　**출판사** 삼성출판사(2016년)

**책 소개** 방귀를 뀌면 초가집 지붕이 들썩이고 절구가 날아다니는 소문난 방귀쟁이 아줌마와 방귀쟁이 아저씨가 만나서 누구의 방귀가 더 센지 대결을 한다는 이야기로, 아이들이 좋아하는 방귀를 소재로 한 재미있는 전래 동화이다.

**제목** 사자를 골려 먹은 생쥐

**지은이** 김현수　　　**출판사** 한국톨스토이(2018년)

**책 소개** 힘은 세지만 어리석은 사자가 지혜로운 사람에게 혼쭐이 나고 생쥐의 비웃음을 산다는 이야기이다. 위험이 닥쳤을 때 용기를 가지고 자신 있고 지혜롭게 행동하면 어떤 어려움도 이겨 낼 수 있다는 가르침을 주는 이야기이다.

**제목** 까마귀의 화려한 깃털

**지은이** 이향숙　　　**출판사** 하루놀(2019년)

**책 소개** 자신의 모습을 사랑하지 못하고 다른 새들이 가진 형형색색의 깃털로 치장을 한 까마귀의 이야기를 담고 있다. 이 이야기를 통해 자신의 모습을 그대로 인정하고 사랑하는 마음가짐에 대해 생각해 볼 수 있다.

## 자유롭게 그려 봐요! 창의력 테스트

[난이도 : 상 중 ]

★ 암사자가 수사자처럼 긴 털의 갈기를 가지고 싶대요. 암사자의 얼굴 주변에 멋진 갈기를 그려 주세요.

● 정답은 가이드북 14쪽을 확인하세요.

전래 동화 인문, 사회

# 임금님 귀는 당나귀 귀

## 🏅 독서논술계획표

▶ 공부한 날짜를 쓰고, 끝마친 단계에는 V표를 하세요.

| 읽기 전 | | | 읽는 중 | | | | | 읽은 후 | | |
|---|---|---|---|---|---|---|---|---|---|---|
| 월 | 일 | | 월 | 일 | 월 | 일 | | 월 | 일 | |
| 생각 열기 | ☐ | | 생각 쌓기 1 | ☐ | 생각 쌓기 2 | ☐ | | 생각 정리 | ☐ | |
| 낱말 탐구 | ☐ | | 내용 확인 | ☐ | 내용 확인 | ☐ | | 생각 넓히기 | ☐ | |

독서 노트          월          일

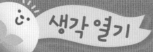

# 낱말 탐구

**1** 다음 그림에 어울리는 낱말을 찾아 ○표 하세요.

| 방긋 | 쫑긋 |
|------|------|

소윤이가 내일 이사 간대.

아, 그렇구나.

| 소문 | 질문 |
|------|------|

그림을 잘 그리는구나!

| 불씨 | 솜씨 |
|------|------|

넘어졌는데도 다친 데가 없네.

| 다행 | 유행 |
|------|------|

**2** 다음 그림에 어울리는 낱말을 찾아 선으로 이으세요.

· · 대궐

· · 답답하다

· · 고함

· · 메아리

## 생각 쌓기

🔍 큰 귀에 대한 임금님의 생각이 어떻게 달라졌는지 살펴 보며 읽어 보세요.

# 임금님 귀는 당나귀 귀

옛날에 나라를 잘 다스리던 임금님이 살고 있었어요.

임금님에게는 딱 한 가지 걱정거리가 있었지요. 그것은 귀가 당나귀 귀처럼 크고 쫑긋 솟아올라온 것이었어요.

임금님은 늘 커다란 *관을 써서 큰 귀를 가리고 다녔어요.

*관: 옛날에 왕, 귀족, 벼슬아치 등이 머리를 보호하거나 장식하고 예의를 갖추기 위하여 머리에 쓰던 물건.

**내용 파악하기**

**1 임금님의 걱정거리는 무엇이었는지 쓰세요.**

귀가 [ ][ ][ ] 귀처럼 쫑긋 솟아올라온 것

임금님은 관을 새로 만들려고 솜씨 좋은 젊은이를 대궐로 불렀어요.

임금님은 젊은이를 바라보며 말했어요.

"내 귀를 가릴 수 있는 멋진 관을 만들어 오너라."

임금님이 관을 벗자, 젊은이는 깜짝 놀라고 말았어요.

'아니, 이럴 수가! 임금님 귀가 이렇게나 크다니!'

생각
키우기

**2** 임금님이 관을 써서 큰 귀를 가리려고 한 까닭을 찾아 ○표 하세요.

| 큰 귀가 부끄럽고 창피해서 | 멋진 관을 자랑하고 싶어서 |

관을 다 만들고 나자, 임금님은 젊은이에게 말했어요.

"내 귀가 당나귀 귀만 하다는 것을 절대 입 밖에 내서는 안 된다."

"전하, ⁺명심하겠습니다."

집에 돌아온 젊은이는 임금님의 귀를 생각할 때마다 입이 근질거려서 참을 수가 없었지요. 그러다가 결국 병이 나고 말았어요.

젊은이는 뒷산 대나무 숲에 가서 아주 조그맣게 중얼거렸어요.

⁺**명심하겠습니다**: 잊지 않도록 마음에 깊이 새겨 두겠습니다.

**내용
파악하기**

**3** 집에 돌아온 젊은이가 병이 난 까닭을 찾아 ◯표 하세요.

관 만드는 일을 오래 해서      하고 싶은 말을 억지로 참아서

"임금님 귀는 당나귀 귀!"

하지만 금세 답답해졌어요. 그래서 있는 힘껏 고함을 쳤지요.

"임금님 귀는 당나귀 귀, 임금님 귀는 당나귀 **귀**!"

그러자 대나무 숲이 웅웅거리면서 그 소리가 울렸어요.

"임금님 귀는 당나귀 귀, 임금님 귀는 당나귀 **귀**!"

내용
파악하기

**4** 젊은이는 대나무 숲에 가서 어떤 말을 외쳤는지 쓰세요.

"| | | | 귀는 | | | | 귀!"

다음 날, 이상한 일이 벌어졌어요.

나무꾼들이 산에 나무를 하러 왔는데, 바람이 불 때마다 대나무 숲에서 이상한 소리가 들리는 거예요.

"웅웅, 임금님 귀는 당나귀 귀!"

**5** 바람이 불 때마다 어디에서 이상한 소리가 들려왔는지 쓰세요.

| | | | |
|---|---|---|---|
| | | | |

그 소리는 메아리가 되어서 마을에까지 퍼지고 말았어요.

소문은 눈 깜짝할 사이에 온 나라로 퍼져 나갔어요.

백성들은 모이기만 하면 임금님 귀 얘기를 했어요.

"임금님은 귀가 당나귀 귀처럼 커서 우리 말을 잘 들으신다면서?"

"암, 그렇고말고."

"하하하, 임금님 귀가 큰 게 얼마나 다행인지 모르겠네!"

생각 키우기

6 백성들은 귀가 큰 임금님을 어떻게 생각했는지 알맞은 것에 ◯표 하세요.

| 임금님은 귀가 커서 소문을 잘 들으신다. | 임금님은 귀가 커서 백성들의 말을 잘 들으신다. |

얼마 뒤, 백성들의 이야기가 대궐까지 전해졌어요.

"임금님의 큰 귀는 백성들의 말을 귀담아들으라고 하늘이 주신 복이옵니다."

신하들도 밝은 얼굴로 임금님께 아뢰었어요.

"허허허, 그것 참 듣기 좋은 말이로구나!"

**내용 파악하기**

**7** 신하들은 임금님의 큰 귀에 대해 어떻게 생각했는지 쓰세요.

백성들의 말을 귀담아들으라고 하늘이 주신 ☐ 이다.

마침내 임금님은 큰 귀를 덮고 있던 답답한 관을 벗어 던졌어요.

"앞으로는 백성들의 말에 더욱 귀를 쫑긋 열어야겠구나!"

그 뒤 임금님은 편안한 마음으로 백성들의 작은 목소리에도 귀를 기울였어요.

그러자 나라는 더욱 ⁺번성하였고 백성들도 편히 살 수 있었대요.

⁺**번성하였고**: 한창 성하게 일어나 퍼졌고.

생각
키우기

**8** 큰 귀를 덮고 있던 관을 벗어 던진 임금님은 어떤 마음이 들었을지 알맞은 것에 ◯표 하세요.

서운한 마음　　　편안한 마음　　　허전한 마음

# 생각 정리

**1** 『임금님 귀는 당나귀 귀』의 내용을 그림으로 정리했어요. 이야기의 순서에 맞게 빈칸에 번호를 쓰세요.

**1**

1 임금님은 당나귀처럼 큰 귀를 감추려고 했어요. 나에게도 남들에게 감추고 싶은 걱정거리가 있나요? 어떤 걱정거리인지, 그것을 걱정하는 까닭은 무엇인지 쓰세요.

• • •

주변 사람들이나 친구들에게 말하지 못한 걱정거리를 떠올려 보고, 그 걱정거리를 해결할 수 있는 방법도 생각해 보세요.

나에게는 어떤 걱정거리가 있나요?

난 크고 쫑긋 솟아올라온 귀를 감추고 싶어.

그것을 걱정하는 까닭은 무엇인가요?

당나귀 귀처럼 큰 귀가 부끄럽고 창피하기 때문이야.

**2** 젊은이가 대나무 숲에 가서 "임금님 귀는 당나귀 귀!"라고 외친 행동에 대하여 어떻게 생각하는지 쓰세요.

· · ·

젊은이가 대나무 숲에서 임금님의 비밀을 말한 행동이 옳은지 생각해 보세요.

✎ _____

_____

**3** 친구 사이에 비밀을 꼭 지켜 주어야 하는 까닭은 무엇이겠는지 생각하여 쓰세요.

· · ·

친구에게 자신의 비밀을 말했거나 친구의 비밀을 들었던 경험을 바탕으로 하여 생각해 보세요.

이건 비밀인데 말이야, 경수가 미연이를 좋아한대.

친구의 비밀을 함부로 말하면 어떡하니?

✎ _____

_____

이런 책도 있어요

**제목** 짧은 귀 토끼

**지은이** 다원시 　　**출판사** 고래이야기(2006년)

**책 소개**　주인공 동동이는 수차례의 실패에도 굴하지 않고 스스로 목표를 세우고 계획대로 실행해 나간다. 이 책은 어린이들에게 동동이처럼 끊임없이 노력하면 단점을 이겨 내고 자신이 가진 놀라운 장점을 발견하게 된다는 것을 전해 준다.

**제목** 벌거벗은 임금님

**지은이** 안데르센 　　**출판사** 파란(2014년)

**책 소개**　허영심 많은 임금님은 신하들과 사기꾼에게 속아 백성들 앞에서 벌거벗은 채로 행진을 하고 만다. 사람에게 가장 중요한 것은 남에게 보이는 겉모습이 아니라 솔직하고 꾸밈없는 진실한 마음이라는 점을 어린이들에게 일깨워 준다.

**제목** 임금님 귀는 당나귀 귀

**지은이** 파타크루아 　　**출판사** 한국헤밍웨이(2015년)

**책 소개**　날마다 안절부절못하며 커다란 귀를 숨기려고만 하는 임금님의 비밀이 새 이발사 때문에 세상에 드러나게 된다는 유쾌한 이야기이다. 남들과 다르게 생겼더라도 당당하게 사는 사람이 진짜 멋쟁이라는 교훈을 준다.

두 눈을 크게 떠요! **집중력 테스트**  [난이도 : 상 중 하]

✱ 방 안에 장난감이 모두 몇 개 있는지 세어 보세요.

개

● 정답은 가이드북 14쪽을 확인하세요.

## 4주

창작 동화 사회, 언어

# 숲속 꼬마 사자의 변신

## 🏅 독서논술계획표

❶ 공부한 날짜를 쓰고, 끝마친 단계에는 V표를 하세요.

| 읽기 전 | | | 읽는 중 | | | | 읽은 후 | |
|---|---|---|---|---|---|---|---|---|
| 월 | 일 | | 월 | 일 | 월 | 일 | 월 | 일 |
| 생각 열기 | ☐ | | 생각 쌓기 1 | ☐ | 생각 쌓기 2 | ☐ | 생각 정리 | ☐ |
| 낱말 탐구 | ☐ | | 내용 확인 | ☐ | 내용 확인 | ☐ | 생각 넓히기 | ☐ |

독서 노트    월    일

# 낱말 탐구

**1** 다음 그림에 어울리는 낱말을 찾아 ○표 하세요.

까불다    의젓하다

털썩    헐레벌떡

설레다    속이다

자동차가 로봇으로 바뀌었네.

변덕    변신

**2** 다음 그림에 어울리는 낱말을 찾아 선으로 이으세요.

•

• 보물찾기

•

• 실수

•

• 귀담아듣다

•

• 우승하다

## 생각 쌓기

💡 꼬마 사자 네로의 모습이나 태도가 어떻게 달라졌는지 살펴보며 읽어 보세요.

# 숲속 꼬마 사자의 변신

"얘들아, 내일은 보물찾기를 하자."

꼬마 곰 제제가 숲속 동물들을 바라보며 말했어요.

"정말? 야, 신난다!"

꼬마 사자 네로는 보물찾기 할 생각에 들떠서 이리저리 뛰어다녔어요.

네로는 늘 가만히 있지 못한 채 친구들 정신을

쏙 빼놓기 일쑤였지요.

**내용 파악하기**

**1** 숲속 동물들은 내일 어떤 놀이를 하기로 했는지 쓰세요.

| | | | |
|---|---|---|---|
| | | | |

"보물찾기를 어디에서 하는 게 좋을까?"

"음, 여름에 자주 물놀이를 했던 호숫가는 어때?"

"호숫가 근처엔 풀이 많아서 보물을 숨기기에도 딱 좋아."

"그래, 내일 거기에서 만나기로 하자."

친구들이 모두 고개를 끄덕였어요. 하지만 네로는 딴짓을 하느라 약
속 장소를 제대로 듣지 못했어요.

내용
파악하기

**2** 네로가 약속 장소를 제대로 듣지 못한 까닭은 무엇인지 쓰세요.

다른 친구들이 말할 때 [　　][　　]을 했기 때문이다.

다음 날이 되었어요.

네로는 아침부터 마음이 설렜어요.

'오늘은 내가 보물을 가장 많이 찾아야지.'

네로는 보물찾기에서 우승하여 트로피를 높이 쳐든 모습을 떠올렸어요.

자기도 모르게 빙긋 웃음이 새어 나왔어요.

내용 파악하기

**3** 아침에 네로는 어떤 모습을 떠올리며 웃음을 지었는지 쓰세요.

보물찾기에서 [ ][ ]한 모습

네로는 힘차게 놀이터로 달려갔어요.

'어? 이상하다. 왜 친구들이 아무도 없지?'

네로는 눈을 크게 뜨고 주변을 둘러보았어요.

'놀이터에서 만나기로 했던 것 같은데……'

아무리 기다려도 친구들이 오지 않자, 네로는 어쩔 줄 몰라 했어요.

생각
키우기

4 놀이터에 친구들이 아무도 없자, 네로는 어떤 마음이 들었을지 알맞은 것에 ○표 하세요.

미안한 마음　　　설레는 마음　　　당황한 마음

그때 멀리서 여우 빠루가 숨을 헐떡이며 달려왔어요.

"네로야, 여기서 뭐 하고 있는 거야?"

"어? 어…제 놀, 놀…이터……."

"뭐? 놀이터가 아니라 호숫가잖아. 우리가 여름에 물놀이하던……."

네로는 너무나 부끄러워서 고개를 푹 숙이고 말았어요.

"어제도 우리가 하는 말을 제대로 듣지 않고 딴짓만 하더니……. 네로야, 너 맨날 왜 그러는 거야? 늦었으니 빨리 가자."

내용
파악하기

**5** 네로가 친구들과 만나기로 한 곳은 어디였는지 쓰세요.

여름에 물놀이하던 | | | |

숲속 동물 보물찾기 대회

네로는 빠루를 따라 헐레벌떡 호숫가로 달려갔어요.

다른 친구들은 이미 밝은 얼굴로 호수 주변을 돌아다니며 보물을 찾고 있었어요.

"빠루야, 미안해. 나 때문에 너까지 늦었네."

"괜찮아. 우리도 얼른 보물을 찾아보자."

하지만 네로는 아까 일이 자꾸 생각나서 구석에 앉아 있었어요.

네로는 점점 시무룩해졌어요.

생각
키우기

**6** 네로는 자신 때문에 보물찾기에 늦은 빠루에게 어떤 목소리로 말했을지 알맞은 것에 ○표 하세요.

작고 힘없는 목소리                  크고 우렁찬 목소리

그 모습을 보고 앵무새 코코가
다가와 말했어요.

"네로야, 왜 그래? 무슨
일 있어?"

"나는 왜 자꾸만 실수를
하는 걸까?"

"그건 네가 잘 듣지 않았기 때문이야. 우선 귀 기울여 들어야 실수를
줄일 수 있어."

"그렇구나. 코코야, 고마워. 나도
이제부터는 친구들이 말
할 때 조용히 앉아서
잘 들을게."

"좋아. 그렇게 하면
네 생각도 잘 말할 수
있게 된다고."

내용
파악하기

**7** 네로는 무엇에 대해 고민하고 있는지 쓰세요.

자꾸만 [ ][ ] 를 하는 것

드디어 보물찾기가 끝났어요.

"누가 보물을 가장 많이 찾았을까?"

친구들은 궁금하다는 표정으로 서로를 바라보았어요. 그때 의젓하게 앉아서 친구들의 말을 귀담아듣고 있는 네로가 눈에 띄었지요.

"나도 네잎클로버를 두 개나 찾았어."

"네로야, 잘했어! 이렇게 차분하게 앉아 있는 모습은 처음 보는데?"

친구들도 달라진 네로를 보며 박수를 보냈답니다.

생각 키우기

8 숲속 친구들은 의젓하게 앉아서 친구들의 말을 귀담아듣고 있는 네로를 보고 어떤 마음이 들었을지 알맞은 것에 ○표 하세요.

불안한 마음　　흐뭇한 마음　　부끄러운 마음

**1** 『숲속 꼬마 사자의 변신』의 내용을 그림으로 정리했어요. 이야기의 순서
에 맞게 빈칸에 번호를 쓰세요.

## 생각 넓히기

**1** 친구들의 말을 듣는 네로의 태도가 어떻게 달라졌는지 빈칸에 알맞은 말을 쓰세요.

늘 가만히 있지 못하고 어수선했던 네로가 앵무새 코코의 충고를 들은 뒤에 어떤 모습으로 달라졌는지 잘 살펴보세요.

● 친구들이 보물찾기 할 곳을 정할 때

- 보물찾기 할 생각에 들떠서 이리저리 뛰어다녔다.
- 딴짓을 하느라 약속 장소를 제대로 듣지 못했다.

● 누가 보물을 가장 많이 찾았는지 이야기할 때

**2** 친구들의 말을 주의 깊게 들으면 어떤 점이 좋은지 쓰세요.

친구들이 말할 때에 귀 기울여 들어야 하는 까닭을 생각해 보세요.

---

---

---

**3** 친구들과 함께 즐겁게 생활하기 위하여 지켜야 할 점을 생각하여 한 가지 쓰세요.

여러 친구들이 함께 생활할 때에 지켜야 할 규칙이나 태도를 생각해 보세요.

친구에게 고운 말로 다정하게 말하는 것이 좋아.

**제목** 내 입은 팡 터지는 화산인가 봐!

**지은이** 줄리아 쿡  **옮긴이** 노은정  **출판사** 스콜라(2019년)

**책 소개** 하고 싶은 말이 많아서 다른 사람의 말에 끼어들고 방해하기 일쑤인 루이스의 이야기를 통해 다른 사람의 말을 잘 듣고 차례차례 말하는 태도를 알려 준다. 또 어린이 스스로 생각과 말을 다스리는 방법을 일깨워 준다.

**제목** 왜 잘 들어야 하나요?

**지은이** 클레어 레윌린 글  **옮긴이** 정유진  **출판사** 함께읽는책(2002년)

**책 소개** 다른 사람의 이야기를 잘 듣고 행동하는 것이 중요하다는 것을 생활 속 일화를 통해 자연스럽게 알려 준다. 그림으로 쉽게 전달되어 억지로 듣기의 중요성을 가르치기보다는 어린이 스스로 책을 읽으면서 자연스럽게 깨닫게 해 준다.

**제목** 가만히 들어주었어

**지은이** 코리 도어펠드  **출판사** 북뱅크(2019년)

**책 소개** 상처받은 테일러 곁에서 기다려 주고 테일러의 말을 가만히 들어주는 토끼의 이야기이다. 테일러에게 다시 일어서는 용기를 준 토끼의 모습을 통해 진심어린 위로는 그 사람의 말을 가만히 들어주는 것이라는 점을 깨닫게 해 준다.

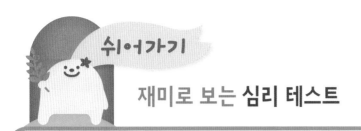

## 재미로 보는 **심리 테스트**

[적중률 : 상 ⭐ 중 하 ]

★ 집에 가는 길에 친구가 쫓아와서 "이것이 네 것이니?" 하고 물으며 나에게 무언가를 건네주었어요. 친구가 건네준 물건은 무엇이었을까요?

① 열쇠고리

② 필통

③ 돈

④ 껌

● 결과는 가이드북 14쪽을 확인하세요.

**글**

1주 『**염소네 대문**』 이상교 글 | 파란 | 2015년

▸ 위에 제시되지 않은 사진이나 이미지는 사용료를 지불하고 셔터스톡 코리아에서 대여했음을 밝힙니다.

▸ 길벗스쿨은 이 책에 실린 모든 글과 사진의 출처를 찾기 위해 최선의 노력을 기울였습니다.
　저작권자를 찾지 못해 허락을 받지 못한 글과 사진은 저작권자가 확인되는 대로 통상의 사용료를 지불하겠습니다.

**앗!**

본책의 가이드북을 분실하셨나요?
길벗스쿨 홈페이지에 들어오시면
내려받으실 수 있습니다.

# 기적의
# 독서 논술

## 가이드북

P1 권

## 가이드북 활용법

독해 문제의 경우에만 정답을 확인하시고 정오답을 체크해 주시면 됩니다.

낱말 탐구에 제시된 어휘의 뜻은 국립국어원의 국어사전 내용을 기준으로 풀이하여 실었습니다.

그 외 서술·논술형 문제에 해당하는 예시 답안은 참고만 하셔도 됩니다.

아이의 다양한 생각이 예시 답과 다르다고 하여 틀렸다고 결론 내지 마세요.

아이 나름대로 근거가 있고, 타당한 대답이라면 정답으로 인정합니다.

이치에 맞지 않은 답을 한 경우에만 수정하고 정정할 기회를 주시기 바랍니다.

답을 찾는 과정에 집중해 주세요.

다소 엉뚱하지만 창의적이고,
기발하면서 논리적인 대답에는 폭풍 칭찬을 잊지 마세요!

부디 너그럽고 논리적인 독서 논술 가이드가 되길 희망합니다.

**16쪽**

① 한 장면 생각 표현

사실 표현

① 이 장면에서 친구들이 하고 있는 것은 무엇인지 고르세요.

달리기 　 줄다리기

**17쪽**

생각 표현

② 넘어진 친구를 보며 생각한 내용으로 알맞지 않은 것을 고르세요.

축하해! 　 아프겠다! 　 속상하겠구나!

③ 넘어진 친구에게 어떤 말을 하면 좋을지 말해 보세요.

예 친구야, 괜찮아? 다친 데는 없어? / 속상하지? 일 등 아니면 어때! 다음에는 넘어지지 않고 끝까지 달릴 수 있을 거야.

④ 이 장면에 어울리는 제목을 고르세요.

친구에게 사과한 일 　 운동회에서 있었던 일

**해설**

① 친구들은 달리기를 하고 있습니다.

② '축하해!'는 달리기를 하다가 넘어진 친구를 보고 생각한 내용으로 알맞지 않습니다.

③ 달리기를 하다가 넘어진 친구를 위로하는 말이나 응원하는 말을 떠올려 봅니다.

④ 운동회에서 달리기를 하다가 한 친구가 넘어진 장면에 어울리는 제목을 골라 봅니다.

**18쪽**

② 한 장면 생각 표현

사실 표현

① 이 장면에서 친구들이 차례를 기다리고 있는 놀이 기구는 무엇인지 고르세요.

그네 　 미끄럼틀

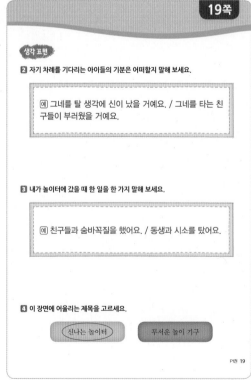

**19쪽**

생각 표현

② 자기 차례를 기다리는 아이들의 기분은 어떠할지 말해 보세요.

예 그네를 탈 생각에 신이 났을 거예요. / 그네를 타는 친구들이 부러웠을 거예요.

③ 내가 놀이터에 갔을 때 일을 한 가지 말해 보세요.

예 친구들과 숨바꼭질을 했어요. / 동생과 시소를 탔어요.

④ 이 장면에 어울리는 제목을 고르세요.

신나는 놀이터 　 무서운 놀이 기구

**해설**

① 친구들은 그네를 타려고 줄을 서고 있습니다.

② 그네를 빨리 타고 싶은 마음, 그네를 타는 친구들이 부러운 마음 등 그네를 타려고 기다리는 친구들의 마음을 바르게 파악하였으면 정답으로 합니다.

③ 놀이터에서 겪은 일을 말했으면 정답으로 합니다.

④ 그네를 타려고 기다리는 장면, 미끄럼틀을 타는 장면 등에 어울리는 제목을 골라 봅니다.

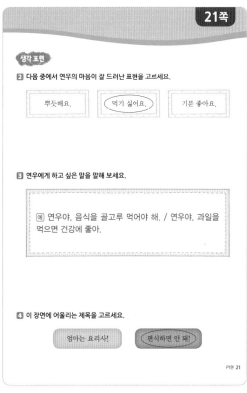

**해설**

**1** 연우 앞에는 과일(딸기, 바나나)이 놓여 있습니다.

**2** 연우의 표정으로 보아, 과일을 먹기 싫어한다는 것을 알 수 있습니다.

**3** 과일을 먹기 싫어하는 연우에게는 음식을 골고루 먹어야 하는 까닭, 과일을 먹으면 좋은 점 등을 말해 줄 수 있습니다.

**4** 연우가 딸기와 바나나를 먹기 싫어하는 장면에 어울리는 제목을 골라 봅니다.

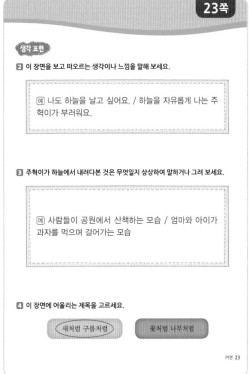

**해설**

**1** 주혁이는 풍선을 타고 하늘을 날아가고 있습니다.

**2** 풍선을 타고 하늘을 나는 주혁이를 보고 떠오르는 생각이나 느낌을 바르게 표현하였으면 정답으로 합니다.

**3** 하늘에서 본 세상의 모습이나 하늘의 모습을 말하거나 그렸으면 정답으로 합니다.

**4** 풍선을 타고 하늘을 나는 장면에 어울리는 제목을 골라 봅니다.

**24쪽**

**5** 한 장면 생각 표현

**사실 표현**

**1** 빈칸에 들어갈 알맞은 낱말 카드를 골라 이 장면에 어울리는 문장을 완성해 보세요.

한    두    세

강아지 ( **세** ) 마리가 뛰어놀고 있어요.

24 기적의 독서 논술

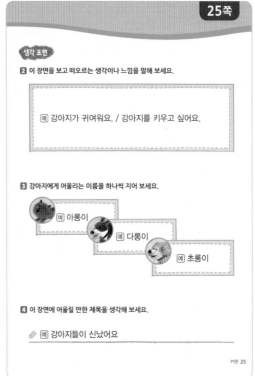

**25쪽**

**생각 표현**

**2** 이 장면을 보고 떠오르는 생각이나 느낌을 말해 보세요.

예 강아지가 귀여워요. / 강아지를 키우고 싶어요.

**3** 강아지에게 어울리는 이름을 하나씩 지어 보세요.

예 아롱이
예 다롱이
예 초롱이

**4** 이 장면에 어울릴 만한 제목을 생각해 보세요.

예 강아지들이 신났어요

P권 25

**1** 강아지 세 마리가 즐겁게 뛰어놀고 있습니다.

**2** 즐겁게 뛰어노는 강아지들을 보고 떠오르는 생각이나 느낌을 자유롭게 표현하였으면 정답으로 합니다.

**3** 각각의 강아지에게 어울리는 이름을 지었으면 정답으로 합니다.

**4** 강아지 세 마리가 즐겁게 뛰어놀고 있는 장면에 어울리는 제목을 붙였으면 정답으로 합니다.

**26쪽**

**6** 한 장면 생각 표현

**사실 표현**

**1** 빈칸에 들어갈 알맞은 낱말 카드를 골라 이 장면에 어울리는 문장을 완성해 보세요.

공놀이    술래잡기    줄넘기

남자아이들이 찻길에서 ( **공놀이** )를 해요.

26 기적의 독서 논술

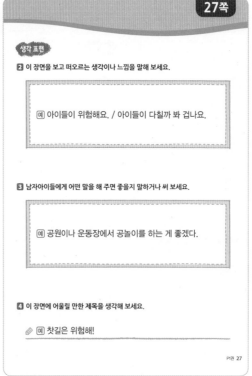

**27쪽**

**생각 표현**

**2** 이 장면을 보고 떠오르는 생각이나 느낌을 말해 보세요.

예 아이들이 위험해요. / 아이들이 다칠까 봐 겁나요.

**3** 남자아이들에게 어떤 말을 해 주면 좋을지 말하거나 써 보세요.

예 공원이나 운동장에서 공놀이를 하는 게 좋겠다.

**4** 이 장면에 어울릴 만한 제목을 생각해 보세요.

예 찻길은 위험해!

P권 27

**1** 남자아이들이 찻길 근처에서 공놀이를 하고 있습니다.

**2** 찻길 근처에서 공놀이를 하는 장면을 보고 떠오르는 생각이나 느낌을 자유롭게 표현하였으면 정답으로 합니다.

**3** 찻길 근처에서 공놀이를 하는 남자아이들에게 해 줄 수 있는 내용을 표현하였으면 정답으로 합니다.

**4** 남자아이들이 찻길 근처에서 공놀이를 하는 장면에 어울리는 제목을 붙였으면 정답으로 합니다.

### 28쪽

**7 한 장면 생각 표현**

**사실 표현**

1 빈칸에 들어갈 알맞은 낱말 카드를 골라 이 장면에 어울리는 문장을 완성해 보세요.

축하드려요    생일    할머니    고마워요

( 할머니 )의 생신을 ( 축하드려요 ).

28 기적의 독서 논술

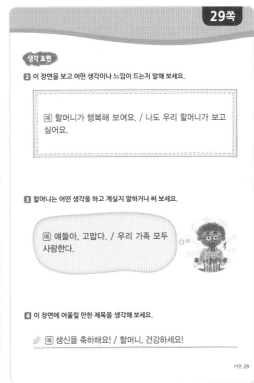

### 29쪽

**생각 표현**

2 이 장면을 보고 어떤 생각이나 느낌이 드는지 말해 보세요.

예 할머니가 행복해 보여요. / 나도 우리 할머니가 보고 싶어요.

3 할머니는 어떤 생각을 하고 계실지 말하거나 써 보세요.

예 얘들아, 고맙다. / 우리 가족 모두 사랑한다.

4 이 장면에 어울릴 만한 제목을 생각해 보세요.

예 생신을 축하해요! / 할머니, 건강하세요!

P1권 29

**해설**

1 온 가족이 모여 할머니의 생신을 축하하고 있습니다.

2 가족이나 할머니의 모습에 어울리는 생각이나 느낌을 자유롭게 표현하였으면 정답으로 합니다.

3 축하를 받고 계신 할머니의 마음이나 기분을 짐작하여 바르게 표현하였으면 정답으로 합니다.

4 할머니의 생신 잔치를 하는 장면에 어울리는 제목을 붙였으면 정답으로 합니다.

### 30쪽

**8 한 장면 생각 표현**

**사실 표현**

1 빈칸에 들어갈 알맞은 낱말 카드를 골라 이 장면에 어울리는 문장을 완성해 보세요.

울타리    둥글    갇혔어요    갔어요

코끼리가 ( 울타리 )에 ( 갇혔어요 ).

30 기적의 독서 논술

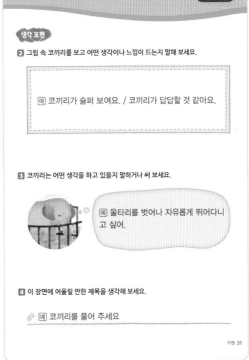

### 31쪽

**생각 표현**

2 그림 속 코끼리를 보고 어떤 생각이나 느낌이 드는지 말해 보세요.

예 코끼리가 슬퍼 보여요. / 코끼리가 답답할 것 같아요.

3 코끼리는 어떤 생각을 하고 있을지 말하거나 써 보세요.

예 울타리를 벗어나 자유롭게 뛰어다니고 싶어.

4 이 장면에 어울릴 만한 제목을 생각해 보세요.

예 코끼리를 풀어 주세요

P1권 31

**해설**

1 코끼리가 울타리에 갇힌 채 우울한 표정을 짓고 있습니다.

2 코끼리가 처해 있는 상황이나 코끼리의 표정에 어울리는 생각이나 느낌을 표현하였으면 정답으로 합니다.

3 울타리에 갇힌 코끼리의 마음이나 기분이 드러나게 생각을 표현하였으면 정답으로 합니다.

4 코끼리가 울타리에 갇혀 있는 장면에 어울리는 제목을 붙였으면 정답으로 합니다.

# 1주 염소네 대문

## 읽기 전 생각 열기

32~33쪽

예 염소네 대문이 고장났는데, 동물 친구들의 도움으로 염소네 대문이 고쳐졌을 것이다.

## ㄱ ㅎ 읽기 전 낱말 탐구

34~35쪽

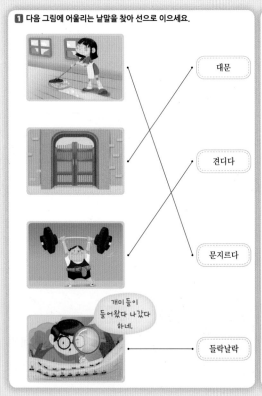

1 다음 그림에 어울리는 낱말을 찾아 선으로 이으세요.

대문

견디다

문지르다

들락날락

2 다음 그림에 어울리는 낱말을 찾아 ○표 하세요.

깔깔 　졸졸

깡충깡충 　폭신폭신

살금살금 　살랑살랑

사그락사그락 　쪼로롱쪼로롱

### 낱말 탐구

✦ **견디다:** 어려움이나 괴로움을 잘 참아 내다.

✦ **문지르다:** 무엇을 서로 눌러 대고 이리저리 밀거나 비비다.

✦ **들락날락:** 자꾸 들어왔다 나갔다 하는 모양.

✦ **졸졸:** 가는 물줄기 따위가 잇따라 부드럽게 흐르는 소리. 또는 그 모양.

✦ **폭신폭신:** 매우 포근하게 보드랍고 탄력이 있는 느낌.

✦ **사그락사그락:** 갈대나 풀 먹인 천 따위의 얇고 빳빳한 물체가 자꾸 스칠 때 나는 소리.

## 읽는 중 생각 쌓기

36~43쪽

**내용 확인** ① 고집쟁이 ② 조용한 ③ 대문에서 소리가 나서 ④ 괴로운 마음 ⑤ 초 ⑥ 염소를 도와주고 싶어서 ⑦ 족제비 ⑧ 친구들이 자꾸 드나들어서

② 염소는 조용한 것을 좋아해서 혼자 자고, 혼자 말하고, 혼자 놀았습니다.

③ 조용한 것을 좋아하는 염소는 대문을 열고 닫을 때 삐꺼덕 소리가 나서 깜짝 놀랐습니다.

④ 염소는 대문에서 나는 소리가 시끄러워 견딜 수가 없었습니다.

⑤ 고슴도치는 염소네 대문에 미끌미끌 초를 문질렀습니다.

⑥ 고슴도치, 생쥐, 거위는 염소를 도와주고 싶어서 염소네 대문을 고쳐 주려고 했습니다.

⑧ "너희가 자꾸 드나들어 대문이 저절로 고쳐졌어."라는 염소의 말을 통해 대문이 고쳐진 까닭을 알 수 있습니다.

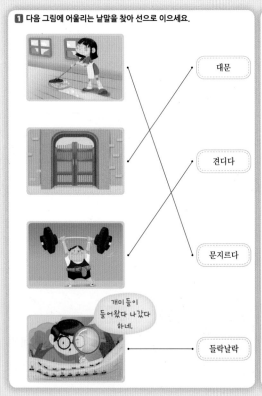

1 『염소네 대문』의 내용을 그림으로 정리했어요. 이야기의 순서에 맞게 빈 칸에 알맞은 번호를 쓰세요.

1 다음 그림으로 보아, 염소와 동물 친구들은 무엇을 좋아하는지 각각 쓰세요.

〔예〕 조용하고 혼자 있는 것을 좋아해요.

〔예〕 친구들과 어울리는 것을 좋아해요.

2 나라면 "삐꺼덕! 삐꺼덕!" 소리가 나는 염소네 대문을 어떤 방법으로 고쳐 주겠는지 쓰세요.

〔예〕 염소네 대문에 부드러운 헝겊을 붙인다.

3 염소처럼 혼자만 있지 말고 친구들과 어울려 지내야 하는 까닭은 무엇인지 생각하여 쓰세요.

✎ 〔예〕 어려운 일을 겪을 때 서로 도울 수 있기 때문이다.

친구들이 염소네 대문을 자꾸 들락거려서 염소네 대문이 고쳐진 일과 관련지어 생각해 봐.

**해설**

1 염소와 동물 친구들의 말과 행동을 통해 좋아하는 것을 바르게 파악하여 썼으면 정답으로 합니다.

2 염소네 대문이 "삐꺼덕!" 하는 소리가 나지 않게 하는 방법을 떠올려 썼으면 정답으로 합니다.

3 혼자 있는 것보다 친구들 또는 다른 사람들과 함께 있으면 좋은 점을 바르게 썼으면 정답으로 합니다.

# 2주 바람과 해님

예 바람이 나그네에게 바람을 내뿜고, 해님이 나그네에게 햇빛을 비출 것이다.

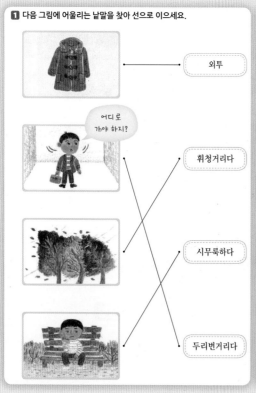

**낱말 탐구**

✦ **외투:** 추위를 막기 위하여 겉옷 위에 입는 옷을 통틀어 이르는 말.
✦ **휘청거리다:** 가늘고 긴 것이 탄력 있게 휘어지며 느리게 자꾸 흔들리다.
✦ **시합:** 운동이나 그 밖의 경기 따위에서 서로 재주를 부려 승부를 겨루는 일.
✦ **우기다:** 억지를 부려 제 의견을 고집스럽게 내세우다.
✦ **여미다:** 사람이 벌어진 옷깃 따위를 바로잡아 단정하게 하다.

**내용 확인** ❶ 외투   ❷ 잘난 척을 잘해요.   ❸ 입김   ❹ 실망하는 마음   ❺ 땀   ❻ 2, 1   ❼ 해님
❽ 부끄러운 마음

❷ 해님에게 우쭐거리며 말한 것으로 보아, 바람이 잘난 척을 잘하는 인물임을 짐작할 수 있습니다.

❹ 바람은 세차게 입김을 내뿜으면 나그네가 외투를 벗을 줄 알았는데, 오히려 나그네가 외투를 여미자 실망하는 마음이 들었을 것입니다.

❻ 바람이 너무 세서 추웠는데, 해님이 햇살을 계속 비추어 갑자기 날씨가 더워졌습니다.

❼ 바람과 해님 중에서 나그네의 외투를 벗긴 인물은 해님입니다.

❽ 바람은 해님에게 자신의 힘이 세다고 우겼는데 시합에서 져서 부끄러운 마음이 들었을 것입니다.

1 『바람과 해님』의 내용을 그림으로 정리했어요. 이야기의 순서에 맞게 빈 칸에 알맞은 번호를 쓰세요.

1

바람아. 누구의 힘이 더 센지 시합해 보자.

그래. 좋아.

3

4

5

2

6

모든 것을 힘으로 해결하면 안 돼.

1 해님이 바람과의 시합에서 이긴 까닭을 생각하며 (　) 안에서 알맞은 말을 골라 ○표 하세요.

바람이 세게 불었을 때는 나그네가 ( 더위 , (추위) )를 느껴 외투를 더욱 여미었지만, 해님이 햇빛을 비추었을 때는 나그네가 ( (더위) , 추위 )를 느껴 외투를 벗었기 때문이다.

2 『바람과 해님』에 나오는 해님에게 하고 싶은 말을 정리해서 쓰세요.

해님에게 하고 싶은 말

✐ 예 해님아, 너는 억지로 힘을 쓰지 않고도 시합에서 이겼구나. 나도 너처럼 겸손하고 싶어.

3 자신의 힘만 믿고 나그네의 외투를 벗기려고 한 바람을 보고 어떤 생각이나 느낌이 들었는지 쓰세요.

✐ 예 무엇이든지 억지로 하면 안 된다. / 무엇이든지 힘으로 해결하려는 것은 잘못된 것이다.

4 『바람과 해님』에서 해님이 시합에서 이겼어요. 어떤 시합을 하면 바람이 이길 수 있을지 상상해서 쓰세요.

어떤 시합을 하면 내가 이길 수 있을까?

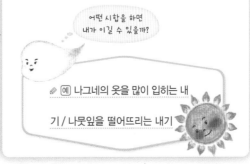

✐ 예 나그네의 옷을 많이 입히는 내기 / 나뭇잎을 떨어뜨리는 내기

해설

1 나그네는 바람이 불자 추워서 외투의 옷깃을 여미었지만, 해님이 햇빛을 비추자 더위를 느껴 외투를 벗었습니다.

2 힘을 쓰지 않고도 시합에서 이긴 해님에게 하고 싶은 말을 써 봅니다.

3 자신의 힘이 센 것만 믿고 나그네에게 거칠게 입김을 분 바람을 보고 어떤 생각이나 느낌이 들었는지 구체적으로 써 봅니다.

4 바람이 불었을 때 일어날 일과 관련지어 생각해 봅니다.

# 3주 임금님 귀는 당나귀 귀

## 읽기 전 생각 열기

68~69쪽

㈜ 젊은이가 대나무 숲에서 "임금님 귀는 당나귀 귀!"라고 소리친 내용이 마을에 울려 퍼질 것이다.

## ㄱ ㅎ 읽기 전 낱말 탐구

70~71쪽

1 다음 그림에 어울리는 낱말을 찾아 ○표 하세요.

방긋 / 쫑긋

소윤이가 내일 이사 간대. / 아, 그렇구나.

소문 / 질문

그림을 잘 그리는구나!

불씨 / 솜씨

넘어졌는데도 다친 데가 없네.

다행 / 유행

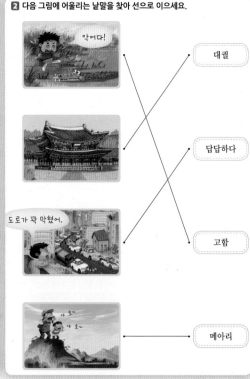

2 다음 그림에 어울리는 낱말을 찾아 선으로 이으세요.

앗 뜨거!

대궐

답답하다

도로가 꽉 막혔어.

고함

야호! 야호~

메아리

### 낱말 탐구

+ **소문:** 사람들 입에 오르내려 전하여 들리는 말.
+ **질문:** 알고자 하는 바를 얻기 위해 물음.
+ **다행:** 뜻밖에 일이 잘되어 운이 좋음.
+ **유행:** 무엇이 사람들 사이에 인기를 얻어 사회 전체에 널리 퍼짐.
+ **답답하다:** 숨이 막힐 듯이 갑갑하다.
+ **고함:** 크게 부르짖거나 외치는 소리.
+ **메아리:** 울려 퍼져 가던 소리가 산이나 절벽 같은 데에 부딪쳐 되울려오는 소리.

## 읽는 중 생각 쌓기

72~79쪽

**내용 확인** ① 당나귀 ② 큰 귀가 부끄럽고 창피해서 ③ 하고 싶은 말을 억지로 참아서 ④ 임금님, 당나귀 ⑤ 대나무 숲
⑥ 임금님은 귀가 커서 백성들의 말을 잘 들으신다. ⑦ 복 ⑧ 편안한 마음

① 임금님은 귀가 당나귀 귀처럼 크고 쫑긋 솟아올라온 것이 걱정이었습니다.

③ 젊은이는 임금님 귀가 당나귀 귀처럼 크다는 말을 하고 싶은 것을 참다가 결국 병이 나고 말았습니다.

⑦ 신하들은 임금님께 "임금님의 큰 귀는 백성들의 말을 귀담아 들으라고 하늘이 주신 복이옵니다."라고 말했습니다.

⑧ 임금님은 큰 귀를 덮고 있던 답답한 관을 벗어 던지고 편안한 마음으로 백성들을 보살폈습니다.

1 『임금님 귀는 당나귀 귀』의 내용을 그림으로 정리했어요. 이야기의 순서에 맞게 빈칸에 번호를 쓰세요.

1 임금님은 당나귀처럼 큰 귀를 감추려고 했어요. 나에게도 남들이 알지 못하는 걱정거리가 있나요? 어떤 걱정거리인지, 그것을 걱정하는 까닭은 무엇인지 쓰세요.

나에게는 어떤 걱정거리가 있나요?

난 쫑긋 솟아올라온 귀를 감추고 싶어.

[예]
• 친구들보다 키가 작다는 것이다.
• 젓가락질이 서툴다는 것이다.

그것을 걱정하는 까닭은 무엇인가요?

당나귀 귀처럼 큰 귀가 부끄럽고 창피하기 때문이야.

[예]
• 친구들이 비웃을 것 같기 때문이다.
• 음식을 먹을 때 자주 흘리기 때문이다.

2 젊은이가 대나무 숲에 가서 "임금님 귀는 당나귀 귀!"라고 외친 행동에 대하여 어떻게 생각하는지 쓰세요.

[예] 임금님께 맹세했는데도 대나무 숲에 가서 "임금님 귀는 당나귀 귀!"라고 외친 것은 잘못된 행동이다.

3 친구 사이에 비밀을 꼭 지켜 주어야 하는 까닭은 무엇이겠는지 생각하여 쓰세요.

이건 비밀인데 말이야. 경수가 미연이를 좋아한대.

친구의 비밀을 함부로 말하면 어떡하니?

[예]
• 비밀이 알려지면 친구의 기분이 상하기 때문이다.
• 비밀은 아무에게도 말하지 않기로 친구와 약속한 것이기 때문이다.

해설

1 자신의 걱정거리나 부족한 점을 감추려고만 하지 말고 다른 사람들에게 솔직하게 드러내면 더 좋은 해결 방법을 찾을 수도 있습니다.

2 젊은이가 임금님의 비밀을 말한 행동은 잘한 것인지, 잘못한 것인지 생각하여 써 봅니다.

3 친구 사이에서 비밀을 주고받았던 경험을 바탕으로 하여 생각해 봅니다.

# 4주 숲속 꼬마 사자의 변신

예 꼬마 사자가 숲속을 정신없이 마구 돌아다녀서 숲속 동물들이 깜짝 놀랄 것이다.

1 다음 그림에 어울리는 낱말을 찾아 ○표 하세요.

까불다 / 의젓하다

털썩 / 헐레벌떡

설레다 / 속이다

자동차가 로봇으로 바뀌었네.

변덕 / 변신

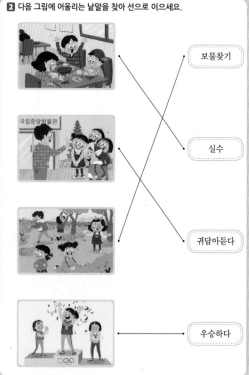

2 다음 그림에 어울리는 낱말을 찾아 선으로 이으세요.

보물찾기

국립중앙박물관

실수

귀담아듣다

우승하다

## 낱말 탐구

✦ **까불다:** 가볍고 조심성 없이 함부로 행동하다.
✦ **의젓하다:** 말이나 행동 따위가 점잖고 무게가 있다.
✦ **속이다:** 거짓이나 꾀에 넘어가게 하다.
✦ **변덕:** 이랬다저랬다 잘 변하는 태도나 성질.
✦ **변신:** 몸의 모양이나 태도 따위를 바꿈. 또는 그렇게 바꾼 몸.
✦ **실수:** 조심하지 아니하여 잘못함. 또는 그런 행위.
✦ **우승하다:** 경기, 경주 따위에서 이겨 첫째를 차지하다.

내용 확인  1 보물찾기  2 딴짓  3 우승  4 당황한 마음  5 호숫가  6 작고 힘없는 목소리  7 실수
8 흐뭇한 마음

2 네로는 친구들이 말할 때 딴짓을 하느라 약속 장소를 제대로 듣지 못했습니다.

4 놀이터에서 아무리 기다려도 친구들이 오지 않자, 네로는 당황하여 어쩔 줄 몰라 했습니다.

6 네로는 자신을 데리고 가느라 보물찾기에 늦은 빠루에게 미안한 마음이 들었으므로 작고 힘없는 목소리로 말해야 어울립니다.

8 숲속 친구들은 의젓하게 앉아서 친구들의 말을 귀담아듣고 있는 네로를 보며 흐뭇한 마음이 들어서 박수를 보낸 것입니다.

1 『숲속 꼬마 사자의 변신』의 내용을 그림으로 정리했어요. 이야기의 순서에 맞게 빈칸에 번호를 쓰세요.

1 친구들의 말을 듣는 네로의 태도가 어떻게 달라졌는지 빈칸에 알맞은 말을 쓰세요.

● 친구들이 보물찾기 할 곳을 정할 때

• 보물찾기 할 생각에 들떠서 이리저리 뛰어다녔다.
• 딴짓을 하느라 약속 장소를 제대로 듣지 못했다.

● 누가 보물을 가장 많이 찾았는지 이야기할 때

예 의젓하게 앉아서 친구들의 말을 귀담아들었다. / 차분하게 앉아 있었다.

2 친구들의 말을 주의 깊게 들으면 어떤 점이 좋은지 쓰세요.

예 친구들의 말을 잘 알아들을 수 있다. / 친구들의 말을 정확하게 이해하여 실수를 하지 않을 수 있다. / 내 생각을 분명하게 전달할 수 있다.

3 친구들과 함께 즐겁게 생활하기 위하여 지켜야 할 점을 생각하여 한 가지 쓰세요.

친구에게 고운 말로 다정하게 말하는 것이 좋아.

예 질서를 잘 지켜야 해. / 위험한 장난을 하지 말아야 해. / 약속을 잘 지켜야 해.

**해설**

1 이리저리 뛰어다니느라 친구들의 말을 제대로 듣지 않았던 네로는 자신의 문제를 깨닫고 차분하게 앉아서 친구들의 말을 귀담아듣게 되었습니다.

2 친구들의 말을 귀 기울여 듣지 않으면 말뜻을 정확하게 알아듣지 못해서 실수를 할 수 있습니다.

3 친구들과 함께 즐겁게 생활하기 위해서는 친구에게 조금씩 양보하고 친구를 배려하는 마음을 지녀야 합니다.

**49쪽**

★ 두 그림에서 서로 다른 부분 6군데를 찾아 ○표 하세요.

**67쪽**

★ 암사자가 수사자처럼 긴 털의 갈기를 가지고 싶대요. 암사자의 얼굴 주변에 멋진 갈기를 그려 주세요.

**85쪽**

★ 방 안에 장난감이 모두 몇 개 있는지 세어 보세요.

14 개

**103쪽**

## 재미로 보는 **심리 테스트 결과**

① **열쇠고리**
당신은 말수는 적지만 자신의 생각이 확실한 친구예요.
계획한 대로 실천하는 것을 좋아하고 즐기는군요.

② **필통**
당신은 빈틈이 없고 머리가 좋은 친구예요.
시간 관리를 잘해서 놀 때는 놀고, 공부할 때는 공부하는군요.

③ **돈**
당신은 친구의 비밀을 지켜 주는 친구예요.
아무한테도 말하지 못할 비밀을 당신에게는 털어놓게 만드는 매력이 있군요.

④ **껌**
당신은 유쾌하고 재미있는 친구예요.
당신과 함께 있으면 지루할 틈 없이 웃을 일이 가득하겠군요.

# 독서노트

## 내가 읽은 책은?

읽은 날짜   월   일

| 책 제목 | 염소네 대문 |
|---|---|
| 글쓴이 | 이상교 |

**1** 이 글에서 기억에 남는 장면을 그리거나 느낀 점을 말해 보세요.

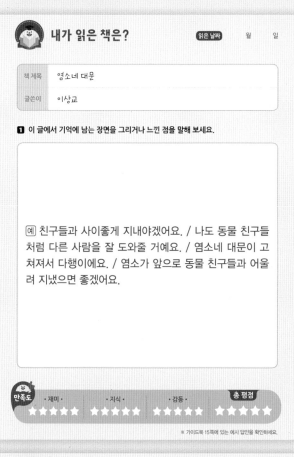

㈜ 친구들과 사이좋게 지내야겠어요. / 나도 동물 친구들처럼 다른 사람을 잘 도와줄 거예요. / 염소네 대문이 고쳐져서 다행이에요. / 염소가 앞으로 동물 친구들과 어울려 지냈으면 좋겠어요.

만족도  · 재미 ·  · 지식 ·  · 감동 ·    총 평점
★★★★★  ★★★★★  ★★★★★  ★★★★★

※ 가이드북 15쪽에 있는 예시 답안을 확인하세요.

## 내가 읽은 책은?

읽은 날짜   월   일

| 책 제목 | 바람과 해님 |
|---|---|
| 글쓴이 | 이솝 |

**1** 이 글에서 기억에 남는 장면을 그리거나 느낀 점을 말해 보세요.

㈜ 힘이 세다고 무엇이든지 다 할 수 있는 것은 아니에요. / 해님처럼 다른 사람을 따뜻하게 품어 주고 싶어요. / 자신의 힘이 세다고 우쭐거린 바람이 어리석게 느껴져요.

만족도  · 재미 ·  · 지식 ·  · 감동 ·    총 평점
★★★★★  ★★★★★  ★★★★★  ★★★★★

※ 가이드북 15쪽에 있는 예시 답안을 확인하세요.

## 내가 읽은 책은?

읽은 날짜   월   일

| 책 제목 | 임금님 귀는 당나귀 귀 |
|---|---|
| 글쓴이 | |

**1** 이 글에서 기억에 남는 장면을 그리거나 느낀 점을 말해 보세요.

㈜ 친구의 비밀을 꼭 지켜 주겠어요. / 임금님의 마음이 편안해져서 다행이에요. / 앞으로는 친구들의 겉모습이나 생김새에 대해 놀리지 않겠어요. / 친구들은 어떤 장점이 있는지 찾아보아야겠어요.

만족도  · 재미 ·  · 지식 ·  · 감동 ·    총 평점
★★★★★  ★★★★★  ★★★★★  ★★★★★

※ 가이드북 15쪽에 있는 예시 답안을 확인하세요.

## 내가 읽은 책은?

읽은 날짜   월   일

| 책 제목 | 숲속 꼬마 사자의 변신 |
|---|---|
| 글쓴이 | |

**1** 이 글에서 기억에 남는 장면을 그리거나 느낀 점을 말해 보세요.

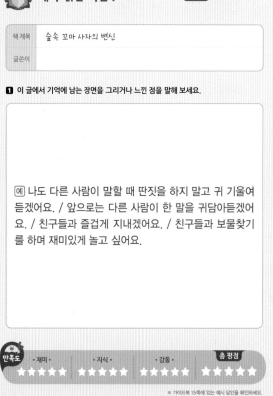

㈜ 나도 다른 사람이 말할 때 딴짓을 하지 말고 귀 기울여 듣겠어요. / 앞으로는 다른 사람이 한 말을 귀담아듣겠어요. / 친구들과 즐겁게 지내겠어요. / 친구들과 보물찾기를 하며 재미있게 놀고 싶어요.

만족도  · 재미 ·  · 지식 ·  · 감동 ·    총 평점
★★★★★  ★★★★★  ★★★★★  ★★★★★

※ 가이드북 15쪽에 있는 예시 답안을 확인하세요.

**기적의 학습서**
오늘도 한 뼘 자랐습니다